# La Leçon de Sitar

*Note sur l'auteure :*

Pendant plus de quinze ans, Marie-Josée Tardif s'est fait connaître dans le monde des médias à titre de présentatrice de nouvelles, notamment à Radio-Canada.

En parallèle avec sa carrière de journaliste, elle s'est toujours passionnée pour ce qui rend l'humain unique. Son métier de reporter et sa quête personnelle l'ont menée aux quatre coins du globe, à la rencontre de grands sages et à la découverte de hauts lieux d'inspiration. Graduellement, son travail s'est dirigé vers la réalisation de reportages et de chroniques liés à son vif intérêt pour l'accomplissement personnel et la quête de sens.

Depuis 2004, elle anime une émission de grandes entrevues sous le signe de la profondeur à l'antenne de Radio Ville-Marie, à Montréal. En outre, elle collabore étroitement à la revue *Vivre*, où elle a signé – et signe toujours – de nombreux articles, en plus d'assumer le rôle de directrice à la recherche et à la créativité.

Son attrait pour la connaissance de l'être humain et son bien-être l'amène de plus en plus à participer à des projets d'écriture, de conférences et d'ateliers pour aider les gens à mieux comprendre qui ils sont et optimiser leur progression sur leur chemin de vie.

*De la même auteure :*

*La sexualié taoïste : livre de chevet*, en collaboration avec Bing Xiang, Éditions Un monde différent, 2006.

Pour plus d'information sur les activités de Marie-Josée Tardif,
notamment sur ses ateliers et conférences
« OSEZ être vous-même & faire ce que vous aimez »
basés sur la méthode de
*La leçon de sitar*,
consultez le site Internet :

www.mariejoseetardif.com

MARIE-JOSÉE TARDIF

# La Leçon
# de Sitar

*ou*

L'art de vibrer
de toutes ses cordes

*Illustrations de*
Sylvie Lauzon

Catalogage avant publication de Bibliothèque et Archives nationales du Québec et Bibliothèque et Archives Canada

Tardif, Marie-Josée

La leçon de sitar, ou, L'art de vibrer de toutes ses cordes

Comprend des réf. bibliogr.

ISBN 978-2-89466-133-8

1. Réalisation de soi. 2. Connaissance de soi. 3. Potentiel humain (Psychologie). I. Titre. II. Titre : Art de vibrer de toutes ses cordes.

BF637.S4T37 2007          158.1     C2007-941922-4

Les Éditions du Roseau bénéficient du soutien financier des institutions suivantes pour leurs activités d'édition :

• Gouvernement du Canada par l'entremise du Programme d'aide au développement de l'industrie de l'édition (PADIÉ)

• Société de développement des entreprises culturelles du Québec (SODEC)

• Programme de crédit d'impôt pour l'édition de livres du gouvernement du Québec

Conception graphique
de la page couverture : Carl Lemyre

Illustrations : Sylvie Lauzon

Photos de l'auteure : Nancy Lessard

Infographie : Nicole Brassard

ISBN : 978-2-89466-133-8

Dépôt légal : Bibliothèque nationale du Québec, 2007
             Bibliothèque nationale du Canada, 2007

Distribution : Diffusion Raffin
               29, rue Royal
               Le Gardeur (Québec)
               J5Z 4Z3
               Courriel : diffusionraffin@qc.aira.com

Site Internet : http://www.roseau.ca

Imprimé au Canada

# Remerciements

Je tiens à exprimer toute ma reconnaissance envers les êtres extraordinaires qui, au cours des dernières années, ont accepté de me prodiguer leur amour et de m'accorder leur confiance, que ce soit dans la découverte de mes cordes maîtresses, la guérison de mes cordes sensibles ou l'ajustement de mes cordes sympathiques. Grâce à vous, je ressens désormais un tel bonheur à pouvoir vibrer de toute mon âme !

Merci à mes parents, Lise et Robert, pour m'avoir toujours encouragée à suivre mon étoile, même si à maintes reprises, je pouvais les entendre penser « Mais où donc s'en va notre fille ? » ! Merci d'avoir toujours su choisir des mots d'encouragement à la place !

Merci à Sylvie Lauzon, ma sœur de cœur, pour sa généreuse contribution à l'aspect visuel de ce livre. Les magnifiques aquarelles agrémentant la page couverture et certaines pages intérieures de *La leçon de sitar* sont nées de son imagination fertile et de ses indéniables talents d'artiste.

Merci à Sylvie Perron, fidèle amie depuis si longtemps ! Merci d'avoir fait preuve d'autant de patience et d'enthousiasme dans l'organisation des ateliers « OSEZ… », et surtout, d'avoir cru en moi avec autant de conviction pendant toutes ces années.

Merci à Nicole Gratton, ma fée des rêves, par qui mon accomplissement personnel a pu enfin trouver un sens, à l'époque où je me sentais complètement perdue dans ce monde professionnel ingrat. Merci encore pour tes conseils avisés et ton amour inconditionnel qui me font toujours autant de bien !

Merci à Lucie Douville, ma muse avec qui je « m'a-muse » à créer et créer encore ! Merci pour ces purs instants de bonheur à imaginer ensemble les contenus du magazine *Vivre* et la chance inestimable que tu me donnes de rencontrer tous ces êtres remarquables en entrevue.

Merci à Normand Gagné, des Éditions du Roseau, pour l'intégrité et la passion évidentes dont il fait preuve dans la mise au monde de nos précieux bébés. Merci pour la confiance que vous m'avez accordée dès le début.

Merci à David Ciussi, le dernier mais non le moindre ! Merci, David, d'avoir vu l'ange en moi, d'avoir réveillé la guerrière récalcitrante que j'étais, de m'avoir aimée de ta force structurante, et surtout, d'avoir accepté de me guider avec cette délicatesse et cette patience infinies sur le chemin de l'Éternel présent.

# PRÉFACE

Avez-vous déjà connu le bonheur d'avoir un grand ami ? Celui qui vous fait assez confiance pour se livrer à vous et vous partager ses apprentissages avec transparence et humilité.

Un ami qui vous aime assez pour vous poser les bonnes questions, qui vous écoute et vous porte une qualité d'attention touchante. Un ami qui voit à travers vous tout votre potentiel et qui s'engage à vous guider pour le faire émerger. Un ami qui, par sa propre sérénité, sa qualité d'accueil et sa conscience élargie vous permet de vous regarder, sans jugement.

Voici ce que ce livre est pour moi : un ami qui me veut du bien !

Marie-Josée agit comme tel à travers ce livre. Elle entre dans un dialogue avec nous qui engendre une conversation avec nous-mêmes. J'ai vécu de belles rencontres lors de chacune de ces leçons de sitar. J'ai pu m'observer et retrouver plus d'équilibre. Trouver un point central, une tension juste qui me procure force et sérénité. Marie-Josée nous tient la main sur ce chemin de la connaissance de soi avec douceur, humour et simplicité. Elle nous partage ses riches découvertes et expériences des quatre coins du monde, des quatre coins d'elle-même. Et enfin, son style, ses métaphores et ses images enveloppent son enseignement d'un parfum de beauté, comme si on écoutait de la musique.

J'ai pris neuf pauses pour explorer ce livre, comme neuf rendez-vous autour d'un bon café avec un ami sincère, comme neuf mois pour venir au monde… à moi-même.

Quel cadeau que ce livre! Quel cadeau d'avoir de tels amis!

Merci Marie-Josée!

RÉMI TREMBLAY,
président fondateur de Esse Leadership

# PROLOGUE

J'avais arpenté toute la journée les routes sinueuses de la campagne écossaise en compagnie de Glenn Walters. L'avant-veille, Édimbourg m'avait accueillie sous une pluie diluvienne qui n'avait pas réellement donné de répit à la voyageuse sans le sou que j'étais. Lorsque j'atteignis la région d'Inverness, à 200 kilomètres au nord de la capitale, le soleil s'était tout à coup mis de la partie, peut-être pour mieux me préparer à la parcelle de lumière qui allait sous peu éclairer mon pauvre cœur meurtri par des années de « spleen professionnel ».

J'ai toujours détesté participer à la présentation des bulletins de nouvelles télé ou radio. Malgré le prestige que me conféraient mes emplois de journaliste de plus en plus en vue, la déchirure s'était agrandie, au point où, après dix ans d'études et de travail acharnés, j'avais décidé de prendre une année sabbatique. En réalité, je me sentais écartelée entre mon amour pour les communications et ma passion sans cesse renouvelée pour la grandeur et la beauté qui se cachent en chaque être humain. Mes fonctions de reporter et de speakerine me permettaient certes d'exploiter mes talents et de transmettre des informations utiles, mais rien ne venait assouvir mon désir brûlant de partager avec le public des valeurs telles que l'amour, l'intégrité ou la simplicité. Soir après soir devant la caméra, j'étais obligée de faire le bilan exhaustif de ce que les humains avaient accompli de plus horrible durant la journée ; tant pis pour ce qu'ils portaient de beau et de grand ! D'aussi loin que je me rappelle, je me suis toujours questionnée sur le sens profond de l'existence. Ce n'était certainement pas en interviewant un spécialiste en armement, un économiste ou un futur premier ministre que j'allais pouvoir découvrir d'où nous venions et où nous allions en tant que dignes représentants de la race humaine !

Puis un beau jour, après mûre réflexion, je décidai enfin d'enfiler mes ailes de papillon. Je quittai mon emploi de speakerine à Radio-Canada, vendis tout ce que je possédais, remboursai mes dettes, achetai un aller simple pour l'Angleterre (point de départ d'un voyage initiatique d'un an), puis avec à peine cinq cents dollars en poche, je plongeai dans le vide, prête pour la grande aventure.

Dès mes premiers jours en Grande-Bretagne, je mis le cap sur un village écossais qui avait piqué ma curiosité à travers mes lectures des années précédentes. Situé non loin d'Inverness, Findhorn était (et il l'est toujours) un village résolument pas comme les autres. Dans les années 60, ses fondateurs créèrent une communauté très ouverte sur le monde, basée sur des principes écologiques et spirituels. L'une de ses fondatrices, Eileen Caddy (que j'eus plus tard la chance d'interviewer), aimait raconter qu'à Findhorn, on encourage l'écologie extérieure, tout en stimulant l'écologie intérieure. « Ici, blaguait-elle, nous n'aidons pas seulement les fleurs et les légumes à pousser, mais les humains aussi! » Cette communauté avant-gardiste est l'ancêtre des écovillages, qui se répandent de plus en plus sur la planète. Du petit village de cinq ou six roulottes entourées de jardins miraculeux qu'il était au départ, Findhorn est devenu une fondation et un point de rencontre international. On peut y élire domicile ou y séjourner à titre de visiteur, question de partager de nouvelles idées en matière d'environnement, de constructions saines, d'organisation communautaire ou d'énergie propre. Et surtout, on peut y faire le point sur notre vie intérieure.

Glenn Walters était l'agent de relations publiques pour la Fondation de Findhorn, à l'époque où j'y effectuai mon premier séjour. Américain d'origine, il avait joint la communauté douze ans auparavant, trop heureux d'avoir trouvé des humains partageant un langage et des valeurs identiques. Malgré mon état de journaliste en sabbatique, Glenn eut la gentillesse de me guider à travers les rues du village grouillant d'activité. Puis, à bord de sa vieille MG décapotable, nous avons visité d'autres sites reliés à la communauté et terminé notre balade sous le soleil, au sommet d'une colline dénudée surplombant le Moray Firth. C'est en admirant ce paysage grandiose que, pour la toute première fois, j'eus envie de me réconcilier avec ma profession : « Et si mes talents pouvaient s'allier à mes valeurs ? » ai-je songé. « Et si mon métier de communicatrice pouvait me permettre de vivre et de transmettre avec passion des messages qui ont du sens pour moi ? » Sans le savoir, ce questionnement allait me mener, quelque dix années plus tard, aux fondements du livre que vous tenez entre vos mains.

Cette journée magique en compagnie de Glenn se conclut dans l'un des pavillons de Findhorn, où logeait Allan, un vieux jardinier à barbe blanche qui avait longtemps vécu à Katmandou où il avait autrefois fondé une petite communauté semblable à celle de Findhorn. Mes deux aimables hôtes eurent l'idée de me faire visionner ce soir-là une vidéo relatant l'histoire de la communauté, à partir du témoignage d'Eileen Caddy. Cette mère de famille visionnaire avait osé écouter son cœur pour mettre sur pied une communauté écologique, en compagnie de son mari et d'une amie canadienne, en dépit de toute logique apparente. D'une voix humble, elle nous invitait à écouter courageusement la « petite voix à l'intérieur de nous » et à faire ce qu'il y avait à être fait, tout simplement. « Si vous laissez l'amour guider vos pas, disait-elle, vous pouvez accomplir des merveilles. »

C'est alors que, comme les glaces d'une large rivière sous le chaud soleil du printemps, ma retenue des dernières années céda d'un coup. Crac ! Mon cœur s'ouvrit à l'inconnu. Dans une singulière crue de larmes marquant la fin d'une vie et le début d'une autre, je me suis abandonnée. J'enfouis mon nez dans la laine piquante de la veste d'Allan, qui me prêtait généreusement son épaule, et je pleurai tout le poids de mes années passées à être une autre que moi-même, à faire un million de choses qui trahissaient chaque fois mon être véritable.

C'était comme si Eileen Caddy, Glenn Walters et ce vieux jardinier voyageur avaient fait jaillir la toute petite graine d'es-

poir que j'avais choisi de semer en moi en renonçant à la sécurité des choses pré-établies et en partant à la recherche d'une
nouvelle moi, d'une « vraie moi ».

Il me fallut dix autres années d'allers retours entre les bulletins de nouvelles, les tentatives de travail à la pige, quelques
nouvelles aventures initiatiques – dont un voyage en Inde, ayant
marqué un point tournant dans mon existence – de même que
plusieurs rencontres bénies pour parvenir à un sentiment de
paix et d'allégresse quant à ce qui compose mes journées et ma
quête intérieure. J'ignore bien sûr où le destin me conduira, mais
je sais désormais dans quelle direction j'avance. Je connais de
mieux en mieux l'instrument de musique que je suis et, pour
paraphraser Nietzsche, maintenant que j'ai un « pourquoi », je
sais que je peux endurer n'importe quel « comment ».

# INTRODUCTION

*« Prendre soin de l'Être,*
*n'est-ce pas s'occuper d'abord de ce qui va bien en nous,*
*regarder vers ce point de Lumière qui dissipera nos ténèbres ? »*

PHILON D'ALEXANDRIE

V ous est-il déjà arrivé « d'entendre » le silence ? Avez-vous déjà entendu « un ange passer », au milieu d'une conversation avec l'être aimé ? Y a-t-il eu, dans votre vie, de purs moments de grâce où vous étiez en parfaite « harmonie » avec le paysage qui vous entourait ? Avez-vous eu la chance de rencontrer des êtres humains si paisibles qu'une douce « symphonie » semblait émaner de leur présence ?

Se sentir en harmonie… Vibrer à l'unisson… Émettre une note discordante… Être au diapason… Notre langage est truffé d'expressions et de métaphores musicales. Comme si, malgré notre entêtement à vouloir tout rationaliser, nous pressentions qu'une vibration magique accompagne chacun de nos moments de paix profonde et d'extase.

De tout temps, la musique et le son ont exercé une fascination sur les humains, en plus « d'adoucir leurs mœurs ». En Orient comme en Occident, mystiques et philosophes ont voulu en percer les mystères. Les observateurs les plus sensibles avaient même compris, bien avant l'arrivée de la physique quantique, que le monde *est* pure musique. « OM est la

pulsation primordiale de l'univers, la forme sonore de Atman[*] »,
ont écrit les Indiens dans les Upanishads[**]. Les anciens Grecs
estimaient que l'univers entier était gouverné par des lois mathé-
matiques exprimant l'harmonie divine. Pour eux, cette mathé-
matique ultime était intimement liée à la musique. Pensons
aussi à l'utilisation des sons primordiaux dans la méditation
ou dans les arts martiaux.

Les scientifiques de notre ère en détiennent désormais la
preuve : la matière est constituée de fines particules en mouvement, lesquelles sont à la fois particules élémentaires et ondes.
Le monde dans lequel nous vivons est donc constitué d'ondes.
Ainsi, peut-être y a-t-il moyen « d'entendre » ces ondes ou de
les « ressentir » ? Lorsque nous vivons un instant harmonieux,
lorsque nous entrons en résonance avec quelqu'un ou quelque
chose, sommes-nous conscients de la danse des particules
prenant leur juste place à l'intérieur de nous ? Peut-être y a-t-il
moyen de découvrir notre son personnel, unique et riche ? Peut-
être pouvons-nous apprendre à nous accorder afin de retrouver une note claire et pure, en nous-mêmes ?

D'une certaine façon, je trouve que les êtres humains s'ap-
parentent à des instruments de musique. Je m'amuse souvent
à percevoir ce qu'ils émettent comme « son ». Oh, ce n'est rien
de métaphysique. Pas besoin d'être clairaudiant pour se mettre
à l'écoute d'une personne et ressentir les signaux qu'elle émet.
Cette personne est-elle juste ou fausse, vibrante ou atone ? Si
vous examinez l'instrument de musique que *vous* êtes, en ce
moment, êtes-vous à l'unisson avec votre cœur ou est-ce la
cacophonie dans tout votre être ?

---

[*] Mot sanskrit désignant la Conscience.
[**] Textes sacrés de l'hindouisme formant la dernière partie des Védas.

# FAIRE VIBRER LE SITAR

Le sitar est un instrument de musique fascinant. Il y a quelques années, j'ai eu la chance de côtoyer régulièrement un sitariste de grand talent. Uwe Neumann est allemand, mais dès qu'il fut en âge de voyager, l'Inde est devenue sa véritable mère patrie. Il s'y est immédiatement senti chez lui et y a poursuivi ses études en musique. Après plus de dix années passées auprès de ses maîtres dans une université du Bengale, son mariage avec une Québécoise l'a conduit jusqu'à Montréal, où j'ai fait sa connaissance. En ce qui me concerne, c'est le chant qui m'a menée jusqu'à lui. Car en plus d'être professeur de sitar, Uwe enseigne le chant classique indien aux élèves courageux et un peu fous comme moi qui souhaitent se mesurer à l'extrême complexité du répertoire indien.

À vrai dire, si j'avais su combien il est difficile de maîtriser les notions vocales et rythmiques de cette tradition musicale, j'aurais renoncé sur-le-champ. Pourtant, j'ai poursuivi mon apprentissage pendant deux bonnes années, nourrie par une seule passion : celle que j'entretiens pour l'extrême richesse du son des divers instruments de musique préférés des Indiens, y compris la voix humaine, l'instrument suprême selon eux.

Le sitar d'Uwe reposait toujours bien sagement dans un coin de la pièce, chaque fois que j'assistais à ma leçon hebdomadaire. Puis, au bout de longues semaines de patience, j'ai enfin eu droit à mon tout premier récital privé. Uwe saisit délicatement son précieux compagnon, enfila le plectre et se mit à jouer, rien que pour moi. Je vous souhaite de pouvoir un jour – ne serait-ce qu'une seule fois dans votre vie – entendre le son et ressentir la vibration du sitar dans tout votre corps. Est-ce moi qui détient une affinité particulière avec cette sonorité ? Je l'ignore. Quoi qu'il en soit, j'en eus automatiquement les larmes aux yeux. « Le sitar, m'expliqua plus tard mon professeur, est l'un des instruments de musique les plus difficiles à maîtriser. Comme pour la guitare, je dois serrer la corde mélodique contre le manche en différents points pour produire différentes notes. Mais là où ça se corse, c'est avec cette rangée de cordes à l'étage en dessous. On les appelle les cordes sympathiques. Ce sont elles qui confèrent au sitar sa sonorité si particulière, en entrant en résonance avec les cordes sur lesquelles je joue à l'étage supérieur. Je me dois d'être d'une précision sans faille lorsque je serre la corde mélodique avec ma main gauche. Si mon doigt déroge d'un millimètre, les cordes sympathiques ne vibrent pas et le son du sitar reste plat. »

Le concept des « cordes sympathiques » m'a tout de suite plu. D'abord parce qu'il s'agit d'une idée géniale, en tant que telle, et puis parce qu'un jour, j'ai eu l'idée d'utiliser cette analogie pour illustrer la démarche que je propose concernant le potentiel humain. Du point de vue de la physique quantique, nous ne sommes en effet qu'une onde vibratoire. Sur le plan du ressenti humain, plus nous arrivons à trouver la note juste par rapport à qui nous sommes réellement, plus nous éprouvons une joie profonde. Cette connexion, de plus en plus précise et libre, avec la vibration juste, est également un passage secret vers le divin.

Je suis loin d'être spécialiste en musique classique indienne et mon intention n'est pas non plus d'écrire un traité musical. Cet ouvrage se veut pratique et c'est surtout par souci pédagogique que j'ai choisi d'utiliser la symbolique du sitar, une représentation qui me permettait en outre d'illustrer l'élément de complexité atteinte par l'être humain, dans le cadre de son évolution. Même si la violence et la détresse, dont nous sommes quotidiennement témoins par le truchement des médias, nous donnent à penser que l'humanité régresse, je crois le contraire. Depuis l'homme des cavernes, nos armes se sont peut-être drôlement sophistiquées, mais avouons également que l'expression de qui nous sommes s'est extraordinairement raffinée. Oui, la souffrance existe, mais il y a moyen de s'en sortir. C'est d'ailleurs souvent – sinon toujours ! – la souffrance qui nous pousse vers notre évolution. Aussi bien faire face à la musique ! Comme pour le sitar, les instruments que nous sommes devenus après des millions d'années d'évolution, nécessitent peut-être un plus long apprentissage, mais ils renferment aussi la promesse des variations musicales les plus sublimes.

Au fil des prochaines pages, je vous inviterai à identifier votre essence, vos passions, ainsi que les cordes principales de votre sitar personnel. Chacune de ces cordes correspondra à des traits spécifiques de votre individualité et ensemble, elles constitueront une sorte « d'image sonore » de qui vous êtes. Vous découvrirez également la vibration subtile des cordes sympathiques que j'associe à neuf dimensions primordiales communes à tous les humains. Vous verrez comment nettoyer et accorder votre instrument, de façon à ce que vous puissiez vibrer de plus en plus en accord avec la vie pour laquelle vous êtes fait. Je vous suggérerai enfin un processus en cinq étapes vous permettant de concrétiser vos projets.

Puisque j'ai été plongée dans la potion magique du journalisme très tôt dans ma vie, vous ressentirez certainement cette influence ici et là dans cet ouvrage. Depuis le jour où j'ai entrepris de consacrer mes talents de communicatrice à ma passion pour le potentiel humain, les rencontres extraordinaires avec des êtres d'exception n'ont cessé de se multiplier sur mon parcours. Plusieurs de ces rencontres se sont avérées marquantes et je ne pouvais pas m'empêcher de partager avec vous la richesse de leur témoignage.

Je ne suis pas psychothérapeute ; je tiens à le préciser. J'ai néanmoins observé que lorsqu'un traumatisme ou un *pattern* nuisible a besoin d'être guéri, tout se met en place, en son temps, pour que nous puissions nous en libérer. Lorsque ces mouvements naturels de guérison surviennent, je recommande chaudement de recourir à l'aide thérapeutique d'un intervenant qualifié avec qui vous ressentez de bons atomes crochus. Je crois également qu'il vient ensuite un temps où il importe de quitter le processus d'exploration de nos souffrances pour nous diriger vers ce que nous avons de plus lumineux. Je dirais même plus, que la « construction de cette lumière » à l'intérieur de nous *est* ce qui concourt à notre guérison.

Dans une entrevue qu'il m'a accordée sur le thème de l'autonomie[1], le célèbre psychanalyste Guy Corneau expliquait comment un individu installe les mécanismes de protection donnant lieu à la construction de sa personnalité. Il concluait en affirmant qu'en fait :

> « Quelqu'un pourrait très bien ne rien vouloir comprendre de l'origine de ses conflits intérieurs et de ses dépendances. Ce qui compte, c'est que le chemin devienne de plus en plus agréable, en remplaçant graduellement ses comportements destructeurs par des gestes créatifs. Dans la petite ville de Vence, en Provence, le peintre Matisse a aménagé une chapelle en hommage à une religieuse qui l'avait beaucoup aidé durant sa maladie. À un journaliste qui lui demandait s'il croyait en Dieu, Matisse a répondu : "Quand je peins, Dieu existe." Quand nous créons, nous sommes utiles, nous touchons au sublime. Nous n'avons pas tous besoin de devenir peintre pour être créatifs. Personnellement, lorsque j'enseigne, j'accède parfois à de grands moments d'unité avec les gens dans la salle. Quand j'enseigne, Dieu existe. »

Vous devriez voir le visage des participants à mes ateliers, lorsqu'ils accèdent à la part de lumière toujours présente en eux, mais qu'ils avaient tristement recouverte de toutes sortes de masques. Lorsqu'ils acceptent d'entrer en contact avec la beauté de leur essence et leur pur potentiel, leur visage s'illumine comme un soleil radieux. Voilà ce que j'espère vous faire découvrir, dans ce livre. Vous êtes un magnifique soleil, unique au monde, qui ne demande qu'à briller. Lorsque vous vous permettrez de vibrer de toutes vos cordes, à votre tour vous pourrez déclarer – comme Matisse, Corneau et toutes ces personnes qui ont osé être elles-mêmes et faire ce qu'elles aimaient – que Dieu existe.

# 1<sup>re</sup> leçon

## « Rasa et ragas »

*« Quand tout tombe en morceaux autour de vous,*
*c'est qu'en réalité, tout est en train de tomber en place. »*

IYANLA VANZANT

À quelle grande saison de votre vie vous situez-vous en ce moment? La libellule que vous étiez autrefois, virevoltant librement sous les chauds rayons du soleil estival, vient-elle de mourir? Êtes-vous plutôt en pleine métamorphose? Sentez-vous que vos nouvelles ailes commencent à chatouiller votre dos, tout en ressentant la frustration immense de ne pas pouvoir vous envoler? Ou êtes-vous en train de goûter à nouveau aux joies de l'envol? Vous avez certainement remarqué que plus d'une fois, dans le cours de notre existence, nous devons passer par de petites et grandes morts, avant de renaître à une nouvelle identité ou à un nouveau mode de vie. Avant d'en savoir plus long sur qui vous êtes, il est essentiel de savoir où vous en êtes et d'apprendre à percevoir la « saveur » de l'instant.

La nature est rythmée par de grands cycles immuables : les différentes périodes du jour et de la nuit, les saisons, les phases de la lune, etc. Les êtres humains n'échappent pas à ces cycles. Depuis la nuit des temps, ils les soulignent d'ailleurs par une multitude de rituels. Chez les Occidentaux, on célèbre par exemple le solstice d'été par les feux de la Saint-Jean, l'arrivée du printemps par les fêtes de Pâques ou encore la pleine lune des moissons, avec l'Action de grâces. Or, plus notre rythme de vie s'accélère, moins ces traditions semblent nous interpeller, comme si nous avions de la difficulté à demeurer en synchronie avec le cours naturel du temps. Nous combattons la vieillesse, nous fuyons le repos, hommes et femmes peuvent désormais altérer leur cycle reproducteur avec la contraception ; nous avons même vu des femmes dans la soixantaine tomber enceintes, grâce aux nouvelles techniques de fertilité.

Si vous deviez être à l'écoute d'un cycle naturel – si vous deviez n'en apprivoiser qu'un seul –, je vous recommanderais le grand cycle de la mort et de la renaissance. Bien des maux de tête et des angoisses pourraient être évités si nous comprenions mieux ce qui se cache derrière ce mouvement fondamental. À vrai dire, tout est là, à un niveau très profond.

Si vous venez de vivre un événement transformateur tel qu'un mariage ou une séparation amoureuse, la perte d'un emploi ou une promotion, une faillite ou un héritage important, la perte d'un être cher ou la naissance d'un enfant, vous entrez dans un processus de métamorphose. Qu'il s'agisse d'un événement heureux ou tragique, la libellule que vous étiez est morte et s'apprête à renaître à une toute nouvelle vie que vous soupçonnez à peine.

Parmi les outils que j'aime le plus utiliser pour une meilleure compréhension personnelle, figure le riche univers des rêves et j'aimerais ici attirer votre attention sur la symbolique de la mort au sein de notre univers onirique. Chaque fois que vous rêvez à une mort, saviez-vous qu'il s'agit d'une excellente nouvelle ? Cela signale qu'en votre for intérieur, vous êtes maintenant prêt à passer à une nouvelle étape. Le symbole de la mort dans un rêve laisse automatiquement présager la renaissance d'un aspect de vous-même qui était mur pour un grand changement.

En Inde, des millions de personnes vouent un culte au dieu Shiva qui incarne l'énergie de destruction, de dispersion et d'annihilation. «Quel courage ou quel masochisme !» direz-vous. Eh bien, détrompez-vous. Pour un Indien, toute mort implique nécessairement une naissance. L'un ne peut pas aller sans l'autre. Shiva est donc non seulement le dieu qui détruit la vie, mais il est aussi celui par qui toutes les formes de vie renaissent sous des aspects nouveaux. Les archétypes indiens semblent souvent très éloignés de la pensée occidentale. Pourtant, nous possédons nos propres symboles universels illustrant avec puissance la victoire de la vie sur la mort. Pensons simplement au message de la résurrection du Christ, transmis dans toute la chrétienté depuis deux mille ans. Tout le monde, dans notre culture, est également touché par l'image du phénix renaissant de ses cendres ou de la chenille devenant papillon. Il y a quelque temps, j'ai découvert les détails étonnants du processus de métamorphose de la libellule. Saviez-vous que les libellules prennent leur envol après avoir passé une très longue période dans l'eau et la vase, à l'état larvaire ? Elles subissent de nombreuses mues (entre neuf et seize !) et peuvent mettre jusqu'à cinq ans, selon les espèces, avant de sortir enfin de leur étang et de déployer leurs ailes. Certaines nations amérindiennes considéraient d'ailleurs la libellule comme un symbole de renouveau après une dure épreuve. Au Japon, on appelle la libellule « l'insecte invincible », synonyme de courage, de force et de joie. Dans la langue anglaise, elle porte le nom de « dragonfly » ou « mouche dragon ». Cela lui confère un côté magique et puissant à la fois. Voilà autant de raisons qui m'ont fait adopter ce symbole sur le plan personnel, mais aussi dans l'illustration de cette première leçon de sitar.

## MORT ET RENAISSANCE DE LA LIBELLULE

Le processus de mort et renaissance pourrait se résumer à ces deux grandes étapes, évidemment. L'équivalent dans la nature serait alors le jour et la nuit, l'inspiration et l'expiration, l'action et le repos, etc. Question d'ajouter un peu plus de précision à ce grand mouvement fondamental rempli de secrets, j'ai choisi de le décomposer en quatre grandes étapes, très visibles dans la nature sous la forme des saisons et des moments de la journée. Je les ai baptisées :

1) La mort de la libellule

2) L'inconfort de la mue

3) La grande métamorphose

4) L'envol de la libellule

## EXERCICE

**Où en êtes-vous, en ce moment ?**

Profitons-en pour vérifier où vous en êtes, ces temps-ci. Parmi les affirmations suivantes, identifiez celles qui correspondent le mieux à votre réalité actuelle. À noter que certains secteurs de votre vie peuvent se trouver dans des phases différentes. Par exemple, vous pouvez traverser une importante remise en question professionnelle, alors que votre vie amoureuse est relativement stable. Si tel est le cas, répondez au questionnaire en fonction du secteur qui vous préoccupe le plus en ce moment.

- Je suis en phase de deuil.

- Je suis plus émotif que d'habitude.

- J'ai perdu mes anciens repères et je ne sais pas trop où la vie va me mener.

- Je ne comprends pas bien ce qui m'arrive.

- Je suis d'humeur maussade.

- Je n'ai plus autant d'énergie qu'avant.

- Quand je pense à mon passé, cela me fait encore mal.

- Je me sens beaucoup plus fatigué et j'ai besoin de dormir davantage qu'à la normale.

- Je ressens un grand vide à l'intérieur de moi.

- J'aimerais bâtir ma nouvelle vie ou en transformer certains aspects, mais je ne sais pas vraiment quelle direction prendre.

- J'ai de l'énergie mais pas autant qu'avant.

- On dirait que je m'éparpille.

- Parfois, j'ai envie d'élaborer des projets et prendre mon envol.

- De nouvelles choses m'intéressent ou commencent à m'intéresser et j'ai envie d'explorer différentes possibilités.

- J'aimerais passer à autre chose, mais on dirait que rien ne veut encore fonctionner. J'ai beau semer des graines, rien ne pousse.

- Ma nouvelle vie n'a pas encore pris son essor et cela me frustre.

- Mes idées commencent à se préciser quant à la prochaine étape de ma vie.

- Je me sens prêt pour une nouvelle étape et je trépigne d'impatience.

- J'essaie de mettre en branle de nouveaux projets.

- Je multiplie les rencontres avec de nouvelles personnes.

- Mes projets nécessitent beaucoup de travail/études.

▲ Je me demande parfois si je suis sur la bonne voie.

▲ Il faut que j'avance, mais les échecs/obstacles ont parfois tendance à me freiner, voire même à me démoraliser.

▲ Je ne comprends pas toujours très bien ce qui m'arrive. Il n'est plus question de revenir en arrière, mais la lumière au bout du tunnel semble encore loin.

▲ Je ressens de la frustration car j'aimerais enfin me sentir à ma place et donner ce que j'ai de plus beau aux autres.

★ Après plusieurs tentatives ratées, j'éprouve maintenant beaucoup de plaisir à réaliser mes projets.

★ Ma vie est stable depuis un certain temps/plusieurs années.

★ Je me sens nourri par ce que je fais.

★ Je goûte à la fierté du chemin parcouru. Cela me remplit de gratitude.

★ Je me sens très créatif.

★ J'ai de l'énergie à revendre.

★ J'ai le sentiment de pouvoir profiter d'une bonne expertise et d'excellents contacts.

★ J'ai beaucoup à donner et je suis heureux de pouvoir partager cette richesse.

★ Je me sens comblé et encore étonné par les belles choses qui m'arrivent.

RÉSULTATS :

Si vous vous êtes reconnu dans les affirmations précédées d'un carré, vous êtes fort probablement en train de traverser la phase que j'appelle « La mort de la libellule. »

Si vous avez identifié un plus grand nombre d'affirmations précédées d'un cercle, vous vivez probablement « L'inconfort de la mue ».

Un grand nombre de triangles signale votre passage par l'étape de « La grande métamorphose ».

Et enfin, si vous vous êtes davantage identifié aux affirmations précédées d'une étoile, vous êtes définitivement en train de jouir des beaux jours de « L'envol de la libellule ».

Voici maintenant une description plus détaillée de ces quatre grandes étapes.

## La mort de la libellule

La mort de la libellule correspond à une phase de deuil dans votre existence. C'est le chaos ou l'impression de vide que provoque la transition entre deux étapes. L'être que vous étiez autrefois et la vie que vous meniez n'existeront plus. Il faut leur dire adieu. Parfois, la séparation est déchirante, voire même atroce ; parfois ce passage est issu de vos propres choix, mais il nécessite tout de même un temps de deuil. Vous avez tourné une page de votre vie, mais la situation chaotique dans laquelle cela vous a placé vous plonge dans l'incertitude.

Pourtant, la fin d'un cycle a ceci de magique qu'elle porte en elle-même le germe de sa renaissance. Dans le cas de la libellule, cela se fait par le biais des œufs déposés en lieu sûr avant sa mort. La nature est plus forte que tout. Elle a prévu la renaissance de toutes les libellules en permettant l'apparition de nouvelles larves. Soyez donc très indulgent envers vous-même. N'essayez pas de comprendre tout ce qui vous arrive. Concentrez-vous sur les émotions que ce changement entraîne et accompagnez-vous du mieux que vous pouvez dans cet espace. Dans quelque temps, vous pourrez nous reparler du cadeau caché contenu dans cette transition.

*Signes distinctifs :*

> Regrets du passé
>
> Colère et/ou chagrin
>
> Aucun enthousiasme, léthargie
>
> Fatigue plus grande
>
> Chaos

*Besoins prioritaires :*

> Intégrer
>
> Pleurer
>
> Obtenir une bonne écoute
>
> Ne pas se lancer dans de nouveaux projets
>
> Vivre son deuil
>
> Dormir, se reposer

*Saison et moment du jour correspondants :*

> Automne/Soir

## L'inconfort de la mue

Avec l'arrivée des larves, nous entrons dans la deuxième phase du processus de deuil. En raison de ses blessures encore

toutes fraîches et de la grande transition qui s'installe, la nouvelle libellule a besoin de se nourrir et de se cacher au fond des
cours d'eau. Pour continuer de faire image, nous dirons que son
besoin de nourriture correspond au besoin impératif de prendre
soin de soi. Cette nourriture, c'est le soutien de vos proches,
l'aide thérapeutique appropriée[2] et les mille et une petites
attentions que vous devez vous accorder. Comme un bébé naissant, vous êtes fragile ; vous avez encore besoin de repos et de
tendresse. C'est la phase *cocooning*, où il est bon de s'enve-
lopper dans une bonne couverture devant la télévision et de
regarder des films qui vous feront du bien. Vous aurez aussi
besoin de beaucoup de sommeil. En fait, dès que vous sentez
que vous avez besoin de dormir un peu plus qu'à la normale,
demandez-vous si vous n'êtes pas en train de vivre une phase
de transition subtile. Êtes-vous en train de faire d'importantes
prises de conscience, ces temps-ci ? Êtes-vous en train de vous
préparer à de grands changements ?

Dépendamment de la force du choc causé par la perte que
vous venez de subir ou des transformations qui ont commencé
à s'opérer profondément en vous, les phases de mort et de
mue peuvent durer un an, comme elles peuvent ne durer que
quelques mois. Parfois, certaines personnes mettront des années
à se remettre d'une épreuve et en d'autres occasions, elles sont
tellement mûres pour un changement que le cycle des quatre
saisons va se dérouler en quelques jours à peine. Tout est relatif.

Cette phase peut aussi correspondre à une période d'études
ou d'apprentissage scolaire. Vous n'êtes pas encore prêt à pra-
tiquer votre envol, mais on vous en apprend lentement les
rudiments théoriques. Il s'agit d'une forme de préparation
consciente à la phase active qui vous attend. Une chose est certaine, au cours de ces deux premières phases : ne tentez pas de
précipiter les choses. Ne sautez pas hâtivement sur le premier
projet qui passe et ne vous obligez pas à imaginer votre futur
trop rapidement. Apprenez à faire confiance au cycle, à le ressentir comme on ressent une saison. Étrangement, cela devient
presque sécurisant. Malgré la tristesse ou l'impatience, vous

savez que la roue tourne perpétuellement et que, forcément, le printemps reviendra par lui-même. Vous n'avez pas besoin de forcer les choses, ni d'avoir peur que l'hiver ne se termine jamais. Vous apprenez à vous laisser bercer par les bras aimants de la vie, sachant que tout est dans l'ordre des choses.

La mort de la libellule et les différentes phases de sa mue sont souvent inconfortables. Comment la libellule peut-elle savoir ce qui l'attend lorsque son corps subit tant de mystérieuses transformations ? Comment envisager ces étranges sensations ? « Quelles sont ces deux bosses qui me poussent dans le dos ? » pourrait-elle se demander. La libellule est en pleine poussée de croissance. Elle ignore encore tout de l'inconcevable miracle qui l'attend.

*Signes distinctifs :*

>On ressent le vide
>
>Impression que tout s'est arrêté
>
>Impression du temps qui s'éternise
>
>Peu d'énergie et d'enthousiasme
>
>Dormance

*Besoins prioritaires :*

>*Cocooning*/Repos
>
>Se faire du bien par des petits plaisirs simples
>
>Se concentrer sur le quotidien
>
>Laisser le temps au temps

*Saison et moment du jour correspondants :*

>Hiver/Nuit

## La grande métamorphose

Un beau jour, les tout premiers signes du printemps se font sentir. Comme de jolis crocus perçant les dernières couches d'humus et de neige, les ailes de la libellule commencent timidement à poindre dans son dos. Vous ressentez vos premiers sursauts d'espoir et d'enthousiasme. La phase théorique de vos études est complétée et le stage pratique s'en vient ! À mesure que votre corps de libellule se forme, vos rêves se précisent et deviendront bientôt des projets de plus en plus concrets. Les idées nouvelles, les rencontres insoupçonnées et les coïncidences vous poussent naturellement dans une nouvelle direction. Vous entrez graduellement en phase d'intense créativité. Vous rêvez grand pour être certain de pouvoir dépasser vos anciennes limites. Vous avez la force de faire face à vos vieilles peurs et la témérité nécessaire pour oser aller plus loin. De toute façon, vous savez que vous n'avez plus le choix : vous avez atteint un point de non-retour et vous devez aller de l'avant. L'appel vers votre nouvelle vie est plus puissant que tout. Vous avez peur d'émerger enfin de votre étang et en même temps, vous n'en pouvez plus de rester caché. Vous êtes en pleine ébullition et pressentez que quelque chose d'extraordinaire est sur le point de se produire.

*Signes distinctifs :*

> Élans furtifs d'enthousiasme
>
> L'énergie revient graduellement
>
> Nouveaux rêves
>
> Nouvelles rencontres
>
> Inconfort lié à cette poussée de croissance
>
> Frustration de ne pas pouvoir encore s'envoler
>
> Naissance

*Besoins prioritaires :*

> Mieux se connaître
>
> Découvrir ou redécouvrir ses passions
>
> Rêver grand
>
> Concentrer ses énergies
>
> Affronter ses peurs

*Saison et moment du jour correspondants :*

> Printemps/Matin

## L'envol de la libellule

Arrive enfin le moment magique où la libellule est prête à quitter son ancienne vie et à montrer au monde entier ses nouvelles ailes. Cela se produit au moment où vous ne l'attendiez presque plus. Vos rêves et vos projets ont pris racine et tout semble vouloir se mettre en place. Au début, vous êtes encore incertain. Après tout, cette vie est nouvelle et vous avez perdu l'habitude du succès. Alors, vous faites sécher vos ailes en savourant l'extrême douceur des rayons du soleil. Que c'est bon d'être libéré de votre ancienne identité et de sentir que vous pourrez très bientôt prendre un nouveau départ, plus léger que jamais !

Vos premiers battements d'ailes seront maladroits. Il faudra accepter de vous mesurer à vos peurs, de faire des erreurs de calcul, de tomber et de vous relever. Éventuellement, l'envol n'aura plus de secret pour vous et vous goûterez enfin à la liberté et à la joie que vous procurent vos jolies ailes dont les reflets opalescents s'illumineront sous les rayons du soleil. Vos prouesses inspireront les autres à s'associer avec vous ou à recourir à vos services. Vous les attirerez par votre autonomie et votre enthousiasme contagieux. Vous serez heureux de pondre vos plus beaux œufs et vous vous sentirez utile. Vous découvrirez enfin le sens véritable du mot abondance. Riche de vous-même, vous comprendrez que plus vous donnez dans un juste équilibre, plus vous recevez. Vos prières ne seront plus qu'un élan de gratitude et de louanges pour les innombrables beautés de la vie. Bon vol !

*Signes distinctifs :*

> Force et résilience
>
> Idées florissantes
>
> Rencontres fructueuses
>
> Mise en action des projets
>
> Grande énergie
>
> Récolte
>
> Stabilité
>
> Impression du temps qui file à toute vitesse

*Besoins prioritaires :*

> Agir
>
> Dépasser ses peurs
>
> Assumer son pouvoir
>
> Se réaliser
>
> Partager
>
> Goûter
>
> Remercier

*Saison et moment du jour correspondants :*

> Été/Après-midi

## À L'ÉCOUTE DE L'INSTANT

Pour bien des Occidentaux, l'action est tellement valorisée qu'elle en est aussi devenue une sorte de drogue. Dans l'attente et le repos, nous nous sentons inconfortables et trop souvent coupables. Les peuples orientaux ont échappé pendant plus longtemps que nous à la frénésie de l'action. Leurs philosophies spirituelles sont également plus tournées vers l'intérieur. Conséquemment, leur mode de pensée peut nous apporter beaucoup et compléter merveilleusement bien le nôtre.

Ainsi donc, en présence d'un maître de musique indien – et Uwe, mon professeur de chant, était tout à fait imprégné de cette tradition –, les choses doivent prendre leur temps. On ne peut pas formuler une question ou passer d'un sujet à l'autre comme si de rien n'était. Il faut « se poser », faire silence, puis laisser les paroles venir au moment opportun. J'ai remarqué le même phénomène chez les Amérindiens – dont mon ami algonquin Dominique Rankin que j'aime tant – et, bien sûr, avec les différents sages que j'ai eu la chance de croiser, peu importe leur école. Avec les êtres branchés sur le Présent, il faut savoir lâcher prise, se synchroniser sur le silence et attendre que les mots se placent d'eux-mêmes dans la conversation, en accord avec la qualité du moment. Notre empressement caractéristique et notre peur chronique du silence nous donnent des manières très rudes, quand on y pense. En présence d'un être de cette sensibilité, nos phrases percutantes et empressées fracassent la douceur du dialogue muet qui s'installe d'abord entre les deux interlocuteurs, et font l'effet d'un coup de gong donné au beau milieu d'une bibliothèque ou d'une chapelle.

Chez les Grecs, on parlait aussi de *kairos*, c'est-à-dire « le temps de l'occasion opportune, le bon moment pour agir ». Dans la préface du livre de Jean-François Vézina, *Les hasards nécessaires*[3], on peut lire : « Le *kairos* désignait, dans la fluence de toutes choses, dans ce continuel devenir où se déroule notre vie, ce moment particulier où une action était bienvenue, où elle allait trouver son efficacité, où elle découvrirait son sens et atteindrait son but. » Cela suppose donc une écoute particulière qui n'a rien à voir avec la notion de temps linéaire – *chronos* – mais avec une autre dimension qui nous situe plutôt dans la profondeur de l'instant.

## MYSTÉRIEUX RAGAS

« Le bonheur est dans la lenteur », disait Omar Sharif, dans *Monsieur Ibrahim et les fleurs du Coran*[4]. Avec la lenteur, on peut goûter au temps qui passe et au bonheur d'être en vie. Avec la lenteur, on peut sentir l'aile délicate de la libellule qui, en nous frôlant, nous informe des différentes phases de sa métamorphose. C'est avec cette infinie qualité d'écoute qu'on accueille la musique, en Inde. Là-bas, on chante des *ragas*, qui sont là pour nous faire vibrer selon différents *rasas*. En sanskrit, le mot *rasa* a le sens de « couleur », « attrait », « humeur », « essence ». Un *raga* n'est pas une chanson comme on l'entend chez nous, mais plutôt une combinaison de notes et de lignes mélodiques prédéterminées qui confèrent à cet ensemble une ambiance particulière, c'est-à-dire un *rasa* particulier. À l'intérieur de cet ensemble, plusieurs chansons sont possibles. Ainsi, chaque *raga* (à ne pas confondre avec les chants mantriques indiens) est associé à un moment de la journée ou à une saison, de même qu'au sentiment qui s'y rapporte. Par exemple, le *raga* Khamaj se chante entre dix heures du soir et minuit; il évoque le romantisme. Le *raga* Malkauns se joue passé minuit et ses interprètes doivent représenter le sentiment d'héroïsme. Il y a aussi des *ragas* pour les moments précédant la pluie ou après la pluie, etc. Je me souviens avoir répété et répété, avec mon professeur, les notes de musique propres au *raga* Bhairav (mon préféré). En improvisant, toujours selon les lignes directrices de ce *raga* précis, on évoque le calme, la tranquillité et le mystère précédant le lever du jour; on chante les notes les plus graves, on tourne autour, on descend, on monte graduellement mais pas trop vite; on va, on vient, toujours dans un subtil crescendo, jusqu'au moment où on est prêt à chanter le *Sa* (l'équivalent de la note Do) qui surgit, triomphal, comme le tout premier rayon de soleil au sommet d'une colline. Le jour naissant est arrivé. C'est une apothéose remplie de simplicité et de joie.

Voilà comment un chanteur indien doit se mettre en symbiose avec la nature pour transmettre la « saveur » d'une des mille et une précieuses expressions de la vie. La description qu'en fait Martin Dieterle, un ami du Pandit Ram Narayan, l'un des plus éminents joueurs de sarangi[*] au monde, est particulièrement intéressante :

> « La musique en Inde est une forme de transmission de l'énergie. Pour les Indiens, la saveur, ou *Rasa*, est ce qui est au-dessus de tout. L'objectif des musiciens est de parvenir à nous en faire goûter la qualité. [...] Il existe d'autres musiques pour exprimer d'autres caractères : les chants tribaux, les musiques funèbres de Bénarès, qui présentent le caractère somptueux de la mort. Vous savez, le goût de la mort doit être beau. Pour les Indiens, elle est compagne de la naissance ; elle est acquise avec le tout. »

Cette notion de présence à la saveur des choses ne se retrouve pas seulement dans la musique. Elle est partie prenante de la poésie spirituelle qui imprègne le quotidien des Indiens et qui nous touche tant, nous, Occidentaux, lorsque nous débarquons sur cette incroyable planète appelée India. Martin Dieterle ajoute d'ailleurs ceci :

> « Lors de mes premiers voyages en Inde, j'avais observé dans les campagnes d'Inde de l'Est que les femmes étaient toutes vêtues en sari bleu en début

---

[*] Le sarangi est un instrument à cordes frottées. Il est au cœur de la tradition classique hindoustanie.

d'après-midi, puis nous les avions retrouvées toutes en sari vert en fin d'après-midi. Je demandai la raison de ces changements. On me dit que c'était le *Rasa* de ces moments qui était bleu puis vert[5]! »

Découvrir votre *rasa*, c'est-à-dire votre couleur bien à vous, identifier votre *raga* de prédilection, puis obtenir une image précise de votre sitar personnel; tels sont les objectifs principaux de la démarche proposée dans *La leçon de sitar*. Cela ne devrait cependant jamais vous faire oublier votre présence au *rasa* en tant que saveur de l'instant, car toujours, votre musique sera en lien étroit avec le monde qui vous entoure.

# 2ᵉ leçon

# 100 % Vrai
## ou
# L'importance de développer son oreille

*« Tous nous serions transformés si nous avions
le courage d'être ce que nous sommes. »*

MARGUERITE YOURCENAR

Avant d'aller plus loin, je vais vous livrer le secret des secrets, la clef du bonheur et de la liberté. C'est bien la première fois que vous vous plongez dans un livre dont les premières pages vous dévoilent la réponse qui, normalement, ne survient qu'à la toute fin, n'est-ce pas ?

Donc, sans plus tarder, voici la formule magique qui fera de vous une personne heureuse : *Soyez 100 % vrai*. L'être humain possède en lui-même un dispositif infaillible lui permettant de déterminer ce qui est bon pour lui ou non, ce qui doit être dit ou fait en toute circonstance, ce dont il a besoin, ce qu'il désire et ce qu'il doit repousser, et j'ai nommé : la vérité. Le chemin des chemins, celui qui conduit véritablement à la paix et à la joie, c'est la vérité que l'on ressent et que l'on reconnaît en soi, ici maintenant. C'est se dire la vérité à 100 %, en tout temps, et oser la dire à l'autre quand il le faut. Il n'y a pas une Vérité, avec une majuscule, il n'y a que ma vérité, ici maintenant, avec toute ma beauté et tous mes manques. Je ne peux être personne d'autre que celui ou celle que je suis dans l'instant. Je peux certes m'améliorer, mais en ce moment même, voici ce que je ressens véritablement ; je me le dis et je te le dis, même si parfois, toi et moi aimerions entendre autre chose. Être 100 % vrai, c'est être dans la spontanéité de l'instant, dans le vivant. Se censurer, tergiverser, ruminer, c'est enfermer la vie à l'intérieur d'une carapace ; c'est créer de la dualité, et la dualité est ce qui nous fait souffrir. En tant que futur virtuose du sitar, vous devrez donc apprendre à développer votre « oreille musicale ». En apprenant de plus en plus à rester à l'écoute de la vérité en votre cœur, vous saurez mieux détecter les fausses notes et reconnaître la douceur de votre juste sonorité.

## DIX JOURS À TUSHITA

Au printemps de 1999, remplie d'une émotion palpable, je suis enfin arrivée en Inde, ce pays mythique qui m'appelait depuis longtemps. J'y ai voyagé pendant deux mois avec mon sac à dos, seule, comme une grande fille. Vers la fin de mon séjour, je me suis rendue à Dharamsala, là où le Dalaï Lama et le gouvernement tibétain en exil se sont installés après l'invasion du Tibet par la Chine. Dans ce village magnifique situé au pied de l'Himalaya – où j'aurais facilement pu vivre pendant des mois et des mois, en compagnie de ces âmes tibétaines si remarquables –, se trouve entre autres Tushita, un centre dédié aux étrangers qui veulent étudier le bouddhisme. La majorité des enseignants sont des moines d'origine occidentale, hommes et femmes, qui se sont convertis au bouddhisme il y a plusieurs années. Cette double appartenance est toute indiquée pour la transmission de la sagesse tibétaine aux élèves étrangers.

Je me suis inscrite à Tushita pour une retraite de dix jours en silence, sous l'égide de nos trois principaux instructeurs : le moine d'origine australienne, David, et les nonnes suisse et canadienne, Rita et Ann. Ce sont eux qui nous ont offert, avec énormément de profondeur, de sagesse et d'humour, nos cours d'introduction au bouddhisme. Ces classes étaient le seul moment où il nous était donné d'entendre la voix des autres participants à la retraite. Le reste du temps, c'est-à-dire durant les repas, les séances de méditation et les moments libres, personne ne disait mot. Dans notre groupe – totalisant une cinquantaine de personnes, notamment des Américains, Canadiens, Néo-Zélandais, Colombiens, Allemands et Israéliens – tout le monde a merveilleusement bien respecté la consigne du silence. Nous en saisissions l'inestimable valeur et nous en avions tous besoin. La seule incartade que ma compagne de chambre mexicaine et moi nous permettions, c'était un *Buenas noches*, le soir, avant le dodo, et c'est tout.

Quel délice que ces dix journées où nous étions ensemble et seuls à la fois, partageant tout au-delà des mots. Cela m'a entre autres permis de réaliser que l'on peut mieux connaître un individu sans l'interférence des paroles. Côtoyer ces personnes en silence pendant tout ce temps, m'a permis de mieux les connaître que si elles avaient ouvert la bouche. En classe, nous échangions sur le bouddhisme, mais nous évoquions l'essentiel. Avant la fin de la retraite et de la consigne de silence, je n'ai pas su d'où mes compagnons venaient, ce qu'ils faisaient dans la vie, s'ils avaient des enfants ou s'ils en voulaient à leurs parents, à leurs ex ou au gouvernement. Et après ces dix journées de contact privilégié avec l'essentiel, nous n'avions plus vraiment la tête aux mondanités ou à l'agressivité. Ce fut vraiment une expérience très précieuse car trop souvent, nous sommes portés à nous cacher derrière nos masques et notre stress habituels.

## PRENDRE REFUGE

Durant les derniers jours de ma retraite, certains participants ont émis le souhait de « prendre refuge ». Ce rituel bouddhiste est un peu l'équivalent du baptême, chez les chrétiens, à la différence que nous n'avons pas nécessairement à renier la religion dont nous sommes issus. Bien avant ma visite à Dharamsala, j'avais déjà été mise en contact avec le bouddhisme et je me sentais très à l'aise avec cette philosophie. Mon séjour à Tushita m'avait ensuite tellement touchée que j'ai senti que la cérémonie du refuge pourrait magnifiquement bien conclure mon séjour.

Dans le cadre de cette cérémonie, je savais qu'il me faudrait prononcer des vœux. On nous en proposait cinq, au total, et nous étions libres de choisir celui ou ceux que nous nous sentions disposés à adopter. Ces cinq vœux étaient les suivants : ne pas tuer, ne pas voler et ne pas mentir ; puis les deux derniers concernaient la conduite sexuelle, ainsi que la consommation d'alcool et de drogue. Dans ces deux derniers cas, je n'étais pas prête à endosser la liste complète des restrictions suggérées. J'aime bien boire un petit verre de vin, de temps à autre ; et je me suis dit que le jour où on m'expliquerait les raisons pour lesquelles il est préférable de ne pas faire l'amour quand on est enceinte, par exemple, je reconsidérerais peut-être la prise de ce vœu, mais pour le moment, c'était non. Le vœu de ne pas voler allait de soi, selon moi ; ensuite, celui de ne pas tuer comportait certains détails qui méritaient un peu de réflexion. En effet, cela voulait dire qu'on s'engageait à ne tuer aucun être sensible, y compris le plus petit insecte. On m'a donc appris comment capturer un moustique à l'aide d'un verre et d'un morceau de carton que l'on glisse contre le mur où s'est posée la divine créature, pour ensuite la conduire jusqu'à l'extérieur où elle pourra se nourrir à sa guise. Évidemment, il faut user de bon sens avec ce vœu. Si notre maison est infestée par la vermine, on doit prendre les mesures qui s'imposent. Même chose pour nos innombrables amis microscopiques ayant élu domicile dans les pelouses. S'il faut traverser un parc, on ne pourra tout de même pas voler !

Bref, j'ai décidé de prononcer le vœu de ne pas tuer. Et de deux ! Ne restait plus que la question des mensonges. Encore là, mes amis les moines apportèrent quelques précisions, en spécifiant que ce vœu concernait aussi ce qu'on appelle les « pieux mensonges ». Tout le monde, ou à peu près, a appris à mentir un tout petit peu pour « ne pas faire de peine aux autres » et, personnellement, j'avais très bien appris ma leçon.

Je me suis donc donné une ou deux journées pour y penser, puis finalement, quelque chose m'a dit que ce serait probablement une bonne idée de plonger. Et de trois !

## OUI JE LE « VŒU »

La cérémonie, présidée par Lama Lati Rimpoché, s'est déroulée au monastère de Dharamsala, à quelques pas de la maison de Sa Sainteté le 14ᵉ Dalaï Lama, dont j'avais eu la chance de serrer la main, quelques jours auparavant. Quel privilège ! Tout s'est passé dans la plus grande simplicité, comme c'est toujours le cas avec les Tibétains. Notre groupe d'une dizaine de personnes ayant choisi de prendre refuge s'est installé sur des coussins à même le sol, puis le vénérable lama, assisté d'un interprète anglais, s'est adressé à nous dans la langue tibétaine. Ce jour-là, on nous a fait comprendre que nous nous engagions à devenir un *inner being*, un « être de l'intérieur ». Lama Lati nous a ensuite demandé de nous agenouiller sur la jambe droite puis, tels des chevaliers prêtant serment, nous avons prononcé nos vœux.

Voilà maintenant huit ans que j'ai prononcé mes vœux sous le regard bienveillant de Lama Lati et du Bouddha, mais cet engagement, c'est d'abord et avant tout envers moi-même que je l'ai pris. Durant les premiers temps, cela m'a demandé un certain apprentissage. J'ai néanmoins rapidement compris qu'au bout du compte, tout le monde est gagnant, même lorsqu'on croit (ou que l'on sait) que l'autre ne voudra pas entendre notre vérité.

## FAIRE UN AVEC SOI-MÊME

En cherchant à être de plus en plus vrai, nous nous engageons tous à devenir des êtres de l'intérieur. En effectuant ce mouvement perpétuel de retour vers notre centre, nous apprenons graduellement à cesser de nous faire violence, en écoutant de mieux en mieux notre corps, notre cœur et notre intelligence. Prenez une ou deux journées d'écoute intérieure accrue, à votre tour, simplement pour observer toutes les sornettes qui vous passent par la tête ou que vous racontez aux autres :

- « Enfin une soirée pour moi toute seule ! Si Viviane m'appelle pour aller au cinéma comme prévu, je lui raconterai que j'ai dû rapporter du boulot à la maison, que j'aurais bien aimé l'accompagner, mais que j'ai trop de travail. »

- « Ma femme me fait tellement mal lorsqu'elle n'entend pas ce que je tente de lui exprimer. Mais je ne le lui dirai pas ; ça ne sert plus à rien. »

- « Je n'en peux plus de ce boulot… Mais non, ma vieille ; de toute façon, on ne peut pas tout avoir dans la vie. C'est ton papa qui te l'a dit, alors, performe ! »

- « Je n'ai pas envie de retourner dans ma famille pour ce repas. Ça me déprime. Mais comment faire autrement ? C'est le dimanche de Pâques et je ne peux pas déroger à la tradition familiale, voyons. »

- « Bon, encore un mendiant. Pourquoi se tiennent-ils tous sur ce coin de rue où je dois passer tous les jours ? Je n'ai pas envie de lui donner quoi que ce soit. C'est à peine si j'arrive à joindre les deux bouts. "Non, monsieur. Je suis désolé. Je n'ai rien sur moi, en ce moment." »

- « Je suis épuisée. Je me sens perdue à devoir élever mes enfants toute seule. Mais pas question de faire ce voyage, même si on me l'offre gratuitement. Je ne peux pas laisser mes poussins tout un week-end ! »

- « Je n'aurais pas dû m'emporter comme je l'ai fait avec Sophie. Je sais bien qu'elle n'avait rien à voir avec ma colère, mais c'est comme ça. Il fallait que ça sorte. »

- « Éric vient encore de me traiter de tous les noms. Pourquoi ne voit-il pas ce que j'ai de beau à donner ? Mais il
  doit avoir raison. Ce doit être pour ça que j'ai si souvent
  été rejetée. C'est sûrement moi qui ai un problème. »
- Etc., etc.

Avez-vous remarqué le nombre de « mais » que renferment
ces phrases ? Le « mais » signale souvent le point de rupture, le
lieu où commence la dualité souffrante. Le père de la Communication non-violente, Marshall Rosenberg, nous encourage à
utiliser la formule « et en même temps » à la place du « mais ».
(Il ajoute souvent en anglais : *don't put your but in my face*[*]*!*, ce
qui nous fait rigoler à tout coup.) Essayez-le. Dites « et en même
temps », chaque fois que vous êtes tenté de dire « mais ». Vous
verrez jusqu'à quel point cela diminue la tension, que ce soit
dans notre dialogue intérieur ou lorsque nous nous adressons
à l'autre. Même si je suis déchirée, je me permets la déchirure,
au lieu de la combattre et de tenter de la refouler. Cela me place
ensuite dans de bien meilleures dispositions pour trouver une
solution créative à ce qui me divise.

## TOUTE VÉRITÉ N'EST PAS BONNE À DIRE

Il va sans dire que l'art du 100 % vrai exige un minimum de
diplomatie. Exposer sa vérité à l'autre ne veut pas dire qu'on
déballe notre salade sans se soucier du résultat. Qui plus est,
toute vérité n'est pas nécessairement bonne à dire, non plus.
Une anecdote bouddhiste illustre cette nuance nécessaire de
façon savoureuse :

---

[*] En anglais, le mot *but*, qui signifie « mais », sonne comme *butt* qui, lui,
désigne notre derrière !

Un jour, un moine était assis sur une pierre, le long d'une route. Tout à coup, un jeune homme arrive en trombe, visiblement pourchassé. « S'il vous plaît, par pitié, ne leur dites pas que vous m'avez vu. » Le jeune homme repart aussitôt. Le moine traverse alors la route et va s'asseoir sur une autre pierre. Arrivent les gens qui pourchassaient le fuyard : « S'il vous plaît, mon bon moine, avez-vous vu passer un jeune homme courant à toutes jambes sur cette route ? » Et le moine de répondre : « Pas depuis que je suis assis ici. »

Morale de cette histoire : servons-nous de notre discernement. Choisir la vérité en notre cœur demande beaucoup de courage. Il y a de ces situations où l'on sent que si nous le faisons, cela nous obligera à changer nos comportements, ce qui, dans certains cas, pourrait créer des situations explosives ou carrément menacer des relations. Dire non à une dépendance, à une situation qui me détruit, à un mari abuseur, à une mère envahissante, à un enfant-roi, à un vieillard manipulateur, ce n'est pas de tout repos. En définitive, tout nous ramène à nous-mêmes. C'est nous, en premier lieu, qui devons nous engager à ne plus nous faire violence. Nous le sentons tous plus ou moins confusément : nous devons nous aimer, si nous voulons que les autres nous aiment. Que veut dire, s'aimer soi-même ? Réponse : *Se dire la vérité à 100 %*. Accepter de m'aimer, c'est voir le soleil que je suis, le reconnaître, lui faire sa juste place et ne plus donner de pouvoir à ce qui serait contraire à son existence.

Parfois, la bataille entre la vérité de votre âme et celle promulguée par vos entêtements sera épique. Vous serez alors engagé dans une véritable guerre sainte, une djihad intime se jouant dans le secret de votre cœur. Soit dit en passant, ce parallèle se rapproche probablement du véritable sens du mot djihad. À en croire Bernard-Henry Lévy, les sages de l'islam favorisaient autrefois une compréhension beaucoup plus profonde de cette notion :

« Je savais, par mon ami Christian Jambet, que le mot même de djihad, cité partout comme signifiant la sainte guerre de l'islam contre le monde de l'infidélité, est un mot qui n'a ce sens que depuis une date récente et que, avant [...] la fin du 18e siècle, il avait toujours signifié, littéralement, et pour tous les musulmans du monde, "effort sur le chemin de Dieu" : un mot de la morale, pas de la politique ; un mot qui dit la tension spirituelle du fidèle travaillant, par la prière ou l'ascèse, à se rapprocher de Dieu ; une guerre, oui, si l'on y tient, mais intérieure, de soi à soi, de soi contre soi[6]. »

Aujourd'hui, le réflexe de sonder ma vérité à tout moment est devenu une seconde nature. Je me souviens toutefois qu'à l'époque où je venais de prononcer mes vœux bouddhistes, j'ai réalisé combien ma décision de toujours dire la vérité était la meilleure arme intérieure dont j'avais pu me doter pour combattre la partie de moi qui agit à mon détriment. Aujourd'hui, la bataille n'est peut-être pas complètement gagnée, mais l'art de la guerre à mes propres mensonges ne cesse de se raffiner. Je constate que la vérité ressentie en moi ici, maintenant, dénoue ce qui était emmêlé et nettoie ce qui était pollué. La vérité libère. Elle nous permet de faire « un » avec nous-mêmes. Chaque fois que vous souffrez et que vous ne savez plus où aller, une seule question s'impose : « Quelle est ma vérité, au plus profond de moi-même ? » Votre vérité pure sera toujours, *toujours* votre meilleur guide.

# 3ᵉ leçon

# Poupée rustre et Poupée lustre

*« Pourquoi devenir quelqu'un
quand on peut être soi-même ? »*

CATHERINE ENJOLET

Je demandais autrefois aux participants de mes ateliers d'apporter un objet symbolisant pour eux le nouvel envol qu'ils aimeraient prendre. Un jour, une jeune femme prénommée Sylvie est arrivée avec des poupées russes, expliquant que cet objet symbolisait son désir de ne plus avoir à porter de masques, représentés par les nombreuses poupées extérieures, et redevenir comme la petite fille qui se cachait à l'intérieur. Cette image illustrait tellement bien mon message que je n'ai pas cessé, durant toute la journée, de lui emprunter son objet. Depuis (merci Sylvie !), j'ai ressorti mes propres poupées russes et je les utilise constamment pour illustrer le travail nous amenant à retrouver notre *raga* de prédilection, c'est-à-dire notre couleur bien à nous et nos cordes maîtresses.

Dans un souci de simplicité, nous allons prétendre que nos poupées russes sont au nombre de deux : la grande et la petite qui se cache à l'intérieur. Je pensais que je faisais de vilains jeux de mots en les baptisant respectivement «Poupée rustre et Poupée lustre», mais en vérifiant la signification exacte de ces deux mots, je me suis dit que décidément l'humour est parfois bien inspiré.

À notre naissance, nous arrivons déjà avec nos cordes maîtresses. Vous n'avez qu'à penser à vos frères et sœurs ou à vos enfants, si vous en avez, et vous vous rendez bien compte que dès les premiers mois et les premières années de votre vie, vous étiez déjà bien différents les uns des autres. Malgré le fait que vous ayez eu les mêmes parents, la même éducation, que vous ayez grandi dans la même localité et que vous ayez fréquenté la même école, vos tempéraments peuvent être diamétralement opposés.

## POUPÉE RUSTRE

Au cours de votre petite enfance, vous déteniez par ailleurs une forte dose de spontanéité. Vous vous exprimiez sans masque, sans censure. Vous étiez également très vulnérable et, comme des éponges, vous absorbiez tout sans vous en rendre compte, en particulier les problèmes des grands. Est-ce la raison pour laquelle on parle de la « tendre » enfance ? Comme s'il y avait, à cette étape de notre existence, quelque chose de tendre en nous, sans protection et parfaitement ouvert sur le monde ?

Puis, graduellement, vos parents vous ont inculqué leurs valeurs : ceci est bien, ceci est mal… Certains besoins et désirs n'ont pas été reconnus, vos élans et vos aspirations ont été freinés. Vous avez tiré vos propres conclusions en fonction de ce que vous lisiez ou croyiez lire dans le regard des autres. Vous vous êtes également laissé influencer par les épreuves et les traumatismes subis au cours de cette longue période vous conduisant à l'âge adulte. Cet ensemble d'influences diverses a fini par former une sorte de carapace autour de l'être spontané et vibrant que vous étiez (et êtes toujours, en réalité). Et parce que vos épreuves semblaient vouloir se répéter de temps à autre durant votre vie d'adulte, vous avez cru encore plus fermement à l'utilité de votre carapace ou de vos masques. Cette enveloppe dans laquelle vous avez graduellement enfermé votre spontanéité, c'est la poupée russe extérieure, la « poupée rustre », comme je l'appelle. La poupée rustre est la couche de protection dont nous avons appris à nous entourer parce que nous ne savions pas comment nous défendre autrement. Elle est aussi l'ensemble des masques que nous avons cru devoir porter pour être accepté et aimé. Elle est un fatras de peurs, de pensées répétitives, de croyances et d'habitudes avec lesquelles on finit par s'identifier.

Puisque notre cerveau ne peut gérer la totalité de nos expériences, il en balaie quelques-unes sous le tapis et hop! nous voilà aux prises avec ce fameux «inconscient». Comme si cela n'était pas assez, il fallait aussi que la petite éponge que nous sommes absorbe en plus le matériel relevant de «l'inconscient collectif». Tout le champ de la psychogénéalogie explore désormais les liens qui existent entre nos *patterns* psychologiques et le vécu de nos ancêtres. Toutefois, l'inconscient collectif est bien plus vaste que cela; en fait, il nous relie à la grande famille des humains, de notre cercle familial immédiat jusqu'à l'humanité entière, en passant par le peuple dont nous sommes issus et toutes sortes d'autres groupes auxquels nous nous identifions. À force de nous plier aux multiples injonctions qui vont à l'encontre de notre spontanéité, à force d'enfouir divers éléments de notre énergie naturelle, nous nous transformons tous, à divers degrés, en bombes à retardement ambulantes, comme l'explique le maître zen d'origine indienne, Osho Rajneesh :

«Ce personnage [réprimé] a renoncé à son propre pouvoir, à sa propre vision individuelle, afin de se faire accepter par les instances qui, précisément, l'ont emprisonné. [...] Le terme sanscrit *alaya vigyan* désigne la maison dont la cave est le dépotoir de tout ce que vous auriez aimé faire, mais que vous refusez à cause des interdits sociaux, de la culture, de la civilisation. Rien n'est supprimé. Les choses refoulées s'accumulent et influencent secrètement tous les aspects de votre vie. [...] Elles sont dangereuses comme toutes les forces comprimées. On pourrait dire que la folie est le franchissement du seuil au-delà duquel les contenus psychiques refoulés ne peuvent plus être jugulés et se libèrent sans retenue. Curieusement, la société tolère la folie et dédaigne la méditation, alors que méditer est la seule manière d'être vraiment sain[7].»

Dans une infinie variété de formes selon les individus, la poupée rustre lance donc le message suivant : aime-moi, mais ne me fais pas mal. Il s'agit d'un message distordu, puisque la poupée rustre n'est qu'une enveloppe extérieure, une sorte de couche de rouille virtuelle entourant les cordes de votre sitar. Plus nous laissons notre poupée rustre agir, plus nous sommes en fait livrés à son pire penchant : l'autoévaluation. Plutôt que de voir et reconnaître notre lumière, nous mettons l'emphase sur ce que nous considérons chez nous comme laid ou problématique ; plutôt que d'agir selon nos besoins fondamentaux, nos désirs sains, nos élans profonds et nos valeurs, nous installons immédiatement – et cela se produit à la vitesse de l'éclair – un mécanisme de calcul : « Si je fais ceci, voilà ce qui va encore arriver. » « Il a fait ceci parce qu'il a dû voir que j'étais comme cela. » « Elle me répond toujours ceci parce que je suis comme cela. » Pendant ce temps, celui qui, à juste titre, a besoin d'amour et d'expression, c'est l'être vivant et spontané qui se cache à l'intérieur : la « poupée lustre ». La méditation est l'un des outils permettant d'aiguiser notre vigilance, afin d'apprendre à rester centré dans notre présence à la poupée lustre et à sa force de vie, plutôt que de nous laisser entraîner par la mécanique du mental. La vraie méditation, toutefois, c'est celle de tous les instants, ancrée dans le quotidien. Sinon, nous risquons de devenir des êtres « parfaits », seulement lorsque nous avons les yeux fermés et que nous prenons place, immobiles, sur notre coussin…

Le Larousse n'utilise que le mot « grossier » pour expliquer la signification de « rustre ». Sous « grossier », on peut entre autres lire : « Épais, sans finesse, qui indique l'ignorance. » Vous avez tous connu de ces personnalités très fortes dont la carapace est si dure que l'on ne parvient jamais à s'adresser à leur cœur. C'est comme si elles avaient dressé un épais mur de béton entre elles et nous. Au même titre, une personnalité très faible aura fini par camoufler son cœur meurtri en s'entourant d'une épaisse couche de déprime ou d'apitoiement. En réalité, ces individus cachent leur faiblesse derrière leur force ou, inversement, leur force derrière leur faiblesse. Toute la tendresse, la finesse naturelle de leur cœur d'enfant est recouverte. Dans un cas comme dans l'autre, vous faites face à une poupée vraiment rustre! Nous sommes tous des poupées plus ou moins rustres. Il s'agit d'un processus normal et tout le défi de la vie consiste à retirer les diverses couches de protection qui forment cette poupée extérieure, afin de redevenir la poupée lustre que nous sommes véritablement. Les sages de l'Inde parlent souvent des «voiles» qui recouvrent notre âme et qu'il nous faut retirer un à un. Si nous ne retirons pas consciemment les voiles, la vie, dans son intelligence et son amour infinis, s'organisera pour le faire. La vie *veut* la vie. La poupée rustre croit qu'elle peut nous protéger, mais le drame, c'est qu'elle nous enferme inexorablement sous une lourde chape de plomb, à l'intérieur de laquelle nous finissons par étouffer, voire même tomber malade.

La philosophie bouddhiste se fonde sur quatre grands principes appelés les «Quatre nobles vérités» :

1) La souffrance existe ;

2) La souffrance a des causes ;

3) Il est possible de se libérer de cette souffrance ;

4) Et cela devient un Chemin.

À leur manière, les bouddhistes nous invitent à nous libérer de la souffrance provoquée par notre poupée rustre en nous engageant sur le Chemin de l'auto-connaissance. Selon eux, le pire ennemi de l'humain, c'est l'ignorance. C'est elle qui nous garde dans la souffrance.

## POUPÉE LUSTRE

«Et si je retire les voiles? Si j'accepte de ne plus donner de pouvoir à la poupée rustre», demandons-nous tous, «que découvrirai-je? Aurai-je l'impression de ne plus être personne?» Certaines voies spirituelles proposent la dissolution complète et sans ménagement de la personnalité. Le but ultime étant pour l'individu de se fondre au grand Tout. D'autres écoles de pensée privilégient l'instauration d'un « je » fort à partir duquel l'expérience transcendante pourra plus facilement être atteinte. La méthode que je propose semble davantage correspondre à cette dernière école de pensée. En retirant les voiles de la poupée rustre, nous redécouvrons la poupée lustre que nous avons toujours connue au fond de nous. Lorsqu'on dit que quelqu'un a du lustre, on parle, selon la définition du Larousse, de l'éclat que lui confère la beauté, le mérite, la dignité, etc. Il ne s'agit pas d'une beauté artificielle. Loin de là. Il s'agit du soleil radieux que vous êtes par essence. Ce soleil est intimement lié à la notion de vérité dont je viens de parler. Il « est », et dès que notre mental tente de prendre le contrôle sur lui, il perd de son éclat. Si vous réussissez le défi de redevenir un être authentique et spontané, vous aurez quelque chose de lumineux et les gens le remarqueront. Ils seront naturellement attirés vers vous, car tout le monde aime les êtres authentiques. En leur compagnie, on se sent inspiré, apprécié, apaisé et nourri. Ceux dont la lumière est particulièrement stabilisée nous transmettent automatiquement, à la fois leur chaleur et leur fraîcheur. Ils perçoivent notre poupée rustre, certes, mais ils s'adressent directement à la superbe poupée lustre qui se cache à l'intérieur. Ils la voient facilement, car ils ont bien connu les travers de leur propre enfermement. Cela leur a permis de développer énormément de compassion et de discernement.

Contrairement à la poupée rustre, la poupée lustre est bien vivante. Elle vibre, elle est lumière au sens poétique, mais aussi au sens scientifique du terme, puisque la physique quantique parvient désormais à expliquer le souffle de vie – *Pneuma* chez les Grecs, *Chi*, chez les Chinois ou *Prana*, chez les Indiens – qui nous traverse avec de plus en plus de force, lorsque nous sommes entièrement nous-mêmes, en contact avec le Réel. En anglais, *health*, qui veut dire « santé », tire ses racines du mot *whole*, c'est-à-dire « entier ». En allemand, ce lien est encore plus clair, avec *ganzheit* (santé) et *ganz* (entier). La poupée lustre est cet être entier, vibrant, joyeux, humble et puissant à la fois, qui habite en votre centre. Plus vous apprenez à entrer en cohérence (nous allons revenir plus en détail sur la notion de cohérence au prochain chapitre) avec cet être, plus les voiles de l'ignorance et de la peur se retirent et plus vous découvrez la beauté éminemment sacrée du monde.

## UNE GRANDE CLEF : LA VULNÉRABILITÉ

Identifier votre essence et vos passions, comme nous allons le faire un peu plus loin dans ce livre, vous aidera à renouer avec ce soleil intérieur. D'ores et déjà, vous pouvez entrer en contact avec lui en apprenant à être à l'écoute de ce que vous ressentez, être vrai et le communiquer. En certaines circonstances, je ne vous cache pas que cela représentera un défi, même si vous savez très bien – avouez-le ! – que cela vous permettra de vous alléger au plus haut point. Le défi ira de pair avec le sentiment de vulnérabilité. Dire ce que je ressens vraiment au fond de moi m'oblige à ouvrir mon cœur, et donc, à le mettre à nu sans mes défenses habituelles. Étrangement, montrer notre soleil intérieur nous est plus difficile que montrer notre façade en béton.

Ah, ces coïncidences !… Au moment même où j'écrivais ces lignes, une femme d'affaires que j'ai récemment interviewée pour un magazine me laissait ce message : « Je voulais te remercier pour cet article qui fait si bien état de mes valeurs et de ce qui compte pour moi dans mon travail. Cela me bouleverse un peu en même temps, car ce n'est pas facile de *se mettre ainsi à nu*, mais je suis très contente. » Incroyable ! Incroyable coïncidence et incroyable, surtout, que cette femme accomplie ait encore peur de se dévoiler telle qu'elle est, avec tout ce qu'elle a de plus beau et noble.

Le pire, c'est que nous sommes tous comme elle ! Le point de départ consiste, comme elle l'a fait, à oser se montrer beau et ensuite, oser dire notre peur, si elle surgit en même temps. Ainsi, on reste bien ancré dans la vérité de l'instant, et… on reste beau *avec* nos peurs ! Dans le feu de l'action, cela va extrêmement vite. Dire les choses justes est tout un entraînement, mais qui dit entraînement, dit acquisition graduelle de l'habileté souhaitée. Qui dit entraînement, dit aussi acceptation de la maladresse et des erreurs de débutant. Avec le temps, avec beaucoup de compassion envers vous-même, vous apprendrez à vous affirmer avec spontanéité, quand cela sera préférable ; puis quand le moment sera propice à l'ouverture, vous saurez alors vous montrer vulnérable, sachant que la vérité libère et qu'elle finit toujours par gagner.

Un ami auteur m'a un jour confié l'une des plus grandes leçons que lui avait apprises sa grand-mère : « Mon petit », disait-elle, « si quelqu'un n'est pas capable d'avoir une conversation de cœur à cœur avec toi, n'insiste pas. Si cette personne reste au niveau de la tête, vous entrerez dans une bataille où chacun sera condamné à tenter d'avoir le dernier mot. Ne va jamais sur ce terrain, cela n'en vaut pas la peine. Attend que la personne soit prête à descendre dans son cœur. » Parfois, il faut attendre longtemps. Parfois, il n'y a rien à faire. Cependant, maintes fois, vous allez découvrir que lorsque vous êtes parfaitement aligné sur votre cœur, centré sur votre vulnérabilité, vous devenez soudainement aussi très fort. Votre force de vérité remplit toute la pièce et l'autre ne peut plus faire autrement que vous entendre, vous respecter et oser entrer dans cette énergie où il se sent en confiance. Vous donnez le ton à l'échange et les plus beaux moments – même s'ils peuvent être déchirants – surgiront de cet espace de liberté.

Les récompenses se compteront par milliers, si vous choisissez d'être vrai, et vous n'aurez de cesse de remercier le ciel de vous être engagé un jour, vous aussi, à devenir un « être de l'intérieur », 100 % vrai.

# 4ᵉ leçon

# L'entretien du sitar

*« La satisfaction intérieure est en vérité*
*ce que nous pouvons espérer de plus grand. »*

SPINOZA

S elon le théologien, philosophe et thérapeute, Jean-Yves Leloup, être en santé, du point de vue de la psychanalyse, c'est savoir « se tenir au plus proche de son plus intime désir ». Tout l'art consiste ensuite à développer notre écoute intérieure, afin de percevoir distinctement notre petite voix. En restant en contact avec la vérité de votre Poupée lustre, vous apprendrez à reconnaître les appels de vos profondeurs, qui se distinguent du tapage et du bourdonnement incessants en provenance de la Poupée rustre, laquelle est gouvernée par le mental. Ce faisant, vous apprendrez aussi à reconnaître votre sonorité véritable et à la faire vibrer dans les plus beaux accords.

Notre sitar personnel est un organisme vivant, doté d'un potentiel sans limite, mais possédant aussi des besoins et des désirs profonds. Comme avec n'importe quel instrument de musique, il faut savoir en prendre soin. Or, nous sommes parfois si peu en contact avec les besoins fondamentaux de notre sitar que nous ne savons même plus les reconnaître. Si je vous demandais là, immédiatement, tout de suite, ce qu'il vous faudrait pour être heureux… sauriez-vous vraiment me répondre ? Nous sommes nombreux à éprouver presque en permanence un sentiment d'insatisfaction diffus, une impression de manque pernicieuse, un quelconque inconfort physique ou un mal à l'âme difficiles à cerner. À l'époque de mon voyage en Inde, je m'étais tellement donnée aux autres en ignorant mes propres besoins, que je m'étais complètement vidée et perdue. Je me souviendrai toujours de cette conversation avec Sœur Artie, qui me préparait à ma visite de l'ashram des Brahma Kumaris au Rajastan. Cette jeune femme, qui avait choisi de consacrer sa vie à Dieu, à l'intérieur de ce groupe religieux basé en Inde, m'entretenait sur l'importance de maintenir un bon niveau d'énergie, en prenant bien soin de soi :

–   « N'est-ce pas égoïste de penser à soi ? » protestai-je. « Toutes les traditions, que ce soit en Occident ou en Orient, encouragent fortement le don de soi et il me semble que toute société aurait intérêt à respecter cette valeur. »

–   « Mais si tu es complètement vidée, dis-moi, que donnes-tu aux autres, exactement ? » me répondit-elle, du tac au tac.

En un instant, j'avais compris. Quelques jours plus tard, je rêvai que j'étais en compagnie d'une vieille femme dégageant énormément d'amour et de sagesse. Elle me fixait de son regard pénétrant et me tendait un présent en souriant. Je sentais une telle bonté dans son geste que j'eus un mouvement de recul, incapable de recevoir autant d'amour gratuit. Sans même qu'elle eût à ouvrir la bouche, son regard attristé m'a immédiatement fait comprendre jusqu'à quel point mon refus était sacrilège. En repoussant son cadeau, je disais non à la danse fondamentale qui existe entre donner et recevoir. Ce rêve m'a fait comprendre qu'en me sentant coupable de recevoir, je bloquais le grand mouvement de la vie ; je me faisais violence en refusant l'amour et je faisais violence à l'autre en le privant de la joie de donner.

Peut-être connaissez-vous l'analogie du masque à oxygène en avion ? Lorsqu'on énumère les consignes de sécurité avant le décollage, il est recommandé aux adultes voyageant avec des enfants de placer le masque à oxygène sur leur bouche avant de le faire sur les enfants, en cas de dépressurisation. Il en va de même en toute circonstance. Oxygénons-nous nous-mêmes en tout premier lieu, avant d'oxygéner les autres !

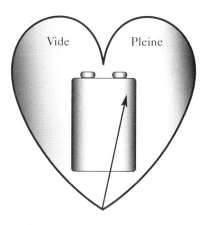

**Notre pile interne de satisfaction**

En réfléchissant sur ce thème, j'en suis venue à m'imaginer que je disposais d'une sorte de pile interne, localisée dans la région du cœur. Cette pile est ce qui alimente le sitar vivant que nous sommes. Au début, elle me servait à évaluer ce qui était bon ou non pour moi et à m'assurer que la charge était maintenue à un niveau acceptable. Cela me permettait en outre de demeurer en contact étroit avec « mon plus intime désir » et de maintenir le cap sur l'accomplissement d'une vie qui me ressemble. Je n'avais pas encore identifié la substance précise qui contribuait à alimenter ma pile interne, mais indéniablement, mon truc faisait des merveilles. Éventuellement, mon travail auprès de mon mentor, le psycho-gérontologue et spécialiste de la communication consciente, David Ciussi, m'a permis de reconnaître la source d'alimentation par excellence de notre pile : le sentiment de satisfaction.

## PENSÉE, ACTION, SATISFACTION

L'une des consignes préférées de David se résume à ces trois mots clés : pensée – action – satisfaction. «Lorsqu'une pensée émerge en vous, vous enjoignant de poser un geste quelconque», nous répète-t-il régulièrement, «ne vous perdez pas en conjectures. Agissez. Une fois que le geste est posé, prenez deux ou trois petites secondes pour goûter à la satisfaction d'avoir accompli cette tâche, puis passez tranquillement à la suivante.» Si vous devez, par exemple, passer un coup de fil soulevant des peurs en vous, ne laissez pas ces peurs épuiser votre énergie inutilement. Agissez, bien centré en vous-même, sans attente quant au résultat. N'oubliez pas ensuite votre micro-pause de satisfaction. Qu'il soit anodin ou non, le geste en lui-même peut être source de satisfaction. La rumination, par contre, est notre principale source d'épuisement.

Un jour que David tentait de m'expliquer l'importance de marquer ces micro-pauses de satisfaction ici et là durant la journée, il me raconta l'histoire d'un homme d'affaires européen qui, se cherchant un coach, avait abouti chez lui. Cet homme, à qui David avait surtout prescrit sa fameuse formule «pensée – action – satisfaction», était ressorti très déçu de sa rencontre : «Qu'est-ce que c'est que ce truc? Je brasse de grosses affaires, moi. J'ai besoin de quelqu'un qui comprend l'importance des tâches que j'ai à accomplir et qui peut m'aider à mieux performer! Et patati! et patata!» Or, quelques mois plus tard, notre éminent gestionnaire se pointe à nouveau chez David. «Je dois vous avouer que je trouvais vos méthodes beaucoup trop simplistes», déclara-t-il, «alors je suis allé voir ailleurs. Cependant, puisque les résultats de mes nouvelles démarches m'avaient également désappointé, je me suis dit que je pourrais peut-être essayer vos micro-pauses de satisfaction. Cela fait plusieurs semaines que je les mets en pratique et je comprends maintenant ce que vous vouliez dire.»

L'idée, c'est d'accumuler de la charge en multipliant les gestes de satisfaction simples. Chaque fois que vous poserez un geste nourricier, vous pourrez sentir votre pile emmagasiner de l'énergie. Vous sentirez votre cœur se gonfler et cet effet sera accentué si vous prenez une ou deux bonnes inspirations en concentrant votre attention sur la région cardiaque ; ensuite, laissez cette énergie bienfaisante s'infuser dans toutes vos cellules. Inversement, chaque fois que vous jouerez faux, que vous perdrez le contact avec votre poupée lustre en agissant à votre détriment ou au détriment de l'autre, vous constaterez combien votre pile perd de sa force.

Notre pile interne fonctionne également comme un baromètre nous permettant de détecter rapidement les situations ou les individus qui nous drainent. Elle nous oblige à ne jamais nous négliger au point de ne plus savoir qui nous sommes ou ce dont notre corps, notre âme et notre esprit (les trois principales composantes de notre sitar) ont besoin. Dans un instant, je décrirai quelques exemples concrets de moments de satisfaction simples, mais mettons d'abord en parallèle les plus récentes découvertes de la science sur la cohérence cardiaque et ce que les traditions religieuses ont toujours prôné au sujet de l'intelligence du cœur.

## DÉCOUVERTE DE LA COHÉRENCE CARDIAQUE

Par diverses déductions personnelles durant mon séjour en Inde, je m'étais inventé cet outil de la pile interne, après avoir découvert l'existence d'un ressenti bien précis au niveau du cœur dès que je posais des gestes bienveillants. J'avais aussi constaté que ce centre détenait les meilleures réponses à toute question d'ordre personnel et que je pouvais même constituer une sorte de réserve de ce ressenti bienfaisant. Je voyais bien que ma réserve de satisfaction me procurait un bien-être de plus en plus constant et palpable. Je n'avais alors jamais entendu parler de la notion de cohérence cardiaque qui est en train de se répandre chez les divers représentants des mondes de la santé et de la psychologie. C'est autour des années 70 que les spécialistes des neurosciences ont commencé à mettre en évidence l'intelligence du cœur. En fait, ils ont découvert que le cœur possédait ni plus ni moins que son propre cerveau !

Depuis les premiers balbutiements à l'intérieur de ce champ d'exploration, l'institut Heartmath, basé en Californie, est devenu la référence en matière de recherche scientifique et d'éducation sur l'équilibre entre l'esprit et le cœur. Les recherches effectuées par ce groupe de scientifiques et d'autres collègues démontrent que le cœur est en effet beaucoup plus qu'une simple pompe. Selon leurs découvertes, le cœur est un système nerveux indépendant, extrêmement complexe, gérant et transmettant de l'information au cerveau. Grâce à ses quelque 40 000 neurones, ce centre nerveux influence les réactions de l'amygdale, c'est-à-dire le siège des émotions dans le cerveau. Cette découverte est tout à fait révolutionnaire puisqu'elle remet en cause notre croyance selon laquelle le cerveau est roi.

Encensées par le psychiatre David Servan-Schreiber, les méthodes de gestion du stress dérivées de ces découvertes connaissent actuellement beaucoup de succès. Servan-Schreiber cite les résultats obtenus chez des travailleurs de grandes entreprises internationales :

> « À Londres, ce sont près de six mille cadres de grandes entreprises comme Shell, British Petroleum, Hewlett Packard, Unilever et la Hong Kong Shanghai Bank Corporation qui ont suivi une formation à la cohérence du rythme cardiaque. Aux États-Unis, plusieurs milliers d'autres ont suivi des formations au Heartmath Institute, dont les employés de Motorola et du gouvernement de l'État de Californie. Le suivi ultérieur des participants montre que cette formation contrecarre le stress aux trois niveaux où son influence se fait ressentir : les plans physique, émotionnel et social[8]. »

Si vous souhaitez tenter l'expérience, voici les quatre étapes de la méthode permettant de retrouver la cohérence cardiaque en situation de stress :

1. **Identifiez en vous les « symptômes du stress »**, comme l'agacement, des tics, une certaine nervosité, un dialogue avec soi...

2. **Sollicitez le cœur** en focalisant votre attention sur la zone qui l'entoure ou, pour vous aider, en posant la main sur le cœur.

3. **Respirez « par » le cœur**, en adoptant un rythme de respiration régulier et en imaginant que votre cœur se gonfle à l'inspiration et se dégonfle à l'expiration.

4. **Évoquez un souvenir positif** qui génère en vous une émotion agréable et forte (un « élan du cœur ») et revivez-le le plus intensément possible en imagination[9].

## PASSER DU –10 AU +10 ET PLUS !

Ce qui se joue au niveau du cœur est bien plus important que la simple gestion du stress. De tout temps, les traditions religieuses ont insisté sur la présence et le développement de la sagesse qui se trouve dans ce centre vivant qu'est notre cœur. Non seulement pouvons-nous utiliser cet outil pour contrecarrer ce qui est désagréable en nous comme les effets du stress, mais il y a aussi – et surtout ! – quelque chose à *construire*.

Dans son magnifique *Plaidoyer pour le bonheur*[10], le moine bouddhiste Matthieu Ricard (qui fut chercheur en génétique cellulaire avant de se consacrer à la vie monastique dans la tradition tibétaine) insiste sur l'importance de cultiver une manière d'être centrée sur l'intelligence du cœur. Mentionnant l'apparition du nouveau courant de psychologie positive aux États-Unis, Matthieu Ricard nous parle de l'élargissement de ce champ d'études qu'est la psychologie « par rapport à ce qui a été longtemps sa vocation principale : étudier et, si possible, remédier aux dysfonctionnements émotionnels et aux états mentaux pathologiques ». Il note que :

« Si l'on consulte le répertoire des livres et articles consacrés à la psychologie depuis 1887 (*Psychological Abstracts*), on y révèle 136 728 titres mentionnant la colère, l'anxiété ou la dépression contre seulement 9 510 titres mentionnant la joie, la satisfaction ou le bonheur. Il est certes légitime de traiter les troubles psychologiques qui handicapent, voire paralysent la vie des gens, mais le bonheur ne se résume pas à l'absence de malheur. »

Dans une entrevue qu'il m'accordait pour la radio au printemps 2007, le célèbre moine y allait de ces précisions :

« S'adresser à des pathologies, c'est essayer de nous faire venir de moins dix à zéro, soi-disant pour nous ramener à l'état normal. Et après, on nous abandonne là ! Mais l'état normal, qu'est-ce que c'est ? C'est une maladie tellement répandue qu'on n'y fait presque plus attention. "Normal" signifie que nous sommes à peu près fonctionnel, mais loin d'être optimal. La psychologie positive a peut-être un nom un peu nouvel âge, mais elle reconnaît simplement que l'état neutre n'est pas un état optimal de véritable bien-être et que nous pouvons faire beaucoup mieux en développant des émotions positives comme l'altruisme et la compassion. Il s'agit du cœur de toute pratique spirituelle, mais aussi de toute vie bien vécue[11]. »

Dans son plus récent ouvrage intitulé *Le maître du cœur*, Annie Marquier décrit bien les tenants et aboutissants de la cohérence cardiaque, en mettant surtout l'emphase sur la révolution qui se prépare, maintenant que l'humanité est prête à effectuer un grand pas en avant vers une conscience ancrée dans le cœur. Elle évoque le « principe de synchronicité par résonance des systèmes oscillatoires. » Ce phénomène de résonance est souvent illustré par le cas célèbre de Christiaan Huygens, l'inventeur des pendules à balancier. Possédant plusieurs pendules,

Huygens s'était rendu compte que leurs balanciers oscillaient en même temps. Il avait beau tenter de modifier leur position, au bout d'un certain temps, il constatait que tous les balanciers finissaient par osciller en synchronie. Ce principe s'énonce ainsi : « Dans tout système oscillatoire, le phénomène d'entraînement synchrone fait que l'élément qui oscille le plus fort entraîne les autres oscillateurs de moindre puissance. » Annie Marquier ajoute :

« Ce principe s'applique directement à notre propre système humain. En effet, le corps physique, à travers les cristaux liquides et tous les éléments qui le composent, est un grand oscillateur biologique et le cœur, et non le cerveau, est l'oscillateur biologique le plus puissant de tous ces éléments. [...] Selon le principe de résonance, lorsque tout notre système se met en résonance synchrone avec l'oscillateur majeur (à savoir le cœur), nous créons naturellement un état de cohérence biologique. Cet état de cohérence devrait alors optimiser notre fonctionnement humain à tous les niveaux[12]. »

## PETITES ET GRANDES SOURCES D'ÉNERGIE

Afin de construire cet état optimal, vous pouvez donc commencer dès maintenant à être conscient de ce qui se passe dans votre pile interne, au niveau du cœur. Qu'est-ce qui l'alimente ? Qu'est-ce qui la draine ? Mes pensées et mes gestes sont-ils en cohérence avec ce que je ressens dans mon cœur ? Grâce aux petites et grandes satisfactions de l'existence, vous constaterez que votre réserve de bonheur peut s'accroître. Les grandes satisfactions ont trait aux grands choix de cohérence comme, par exemple, la décision de vous marier ou d'entrer dans les ordres, le choix d'accepter un emploi ou de démarrer une entreprise, celui d'avoir des enfants ou non, de vous engager dans le conseil d'administration d'une œuvre de charité ou d'offrir bénévolement de votre temps auprès des gens âgés en difficulté, de construire une maison ou d'aménager votre nid douillet dans une hutte au bord de la mer, etc. À partir de ces décisions, votre tâche consistera à ajuster votre rêve à la réalité, afin que votre situation devienne de plus en plus nourrissante. Il va de soi que si votre rêve est toxique, donc s'il vide indûment votre pile ou s'il la met carrément à plat, il faudra y apporter d'importants correctifs.

Cela dit, vous n'avez pas idée jusqu'à quel point vous pouvez commencer à alimenter votre pile par de petits gestes simples posés tous les jours. En fait, je crois de plus en plus que c'est tout ce qu'il suffit de faire : trouver la joie dans la simplicité du quotidien. J'aime bien demander aux participants de mes conférences et ateliers quels sont les petits rituels qu'ils affectionnent particulièrement dans leur vie, au lever et au coucher. Plusieurs me parlent du premier bonjour de leur enfant, ou du sourire de leur amour lorsqu'ils ouvrent les yeux pour la première fois le matin, des promenades avec leur chien à l'aube, du café qui répand une odeur exquise dans la maison, du journal qu'ils prennent le temps de lire, doucement, alors que la journée s'éveille, des oiseaux qui viennent picorer dans la mangeoire, etc.

Je me souviens entre autres de Marie-Claude, qui adorait plonger ses orteils dans les poils de son golden retriever, au saut du lit. Johanne nous avait aussi beaucoup touchés en racontant le nouveau rituel instauré avec son garçonnet de six ans. Chaque soir avant le dodo, Johanne et son fils font un bilan. Dans le calme de la nuit qui approche, ils parlent de ce qu'ils ont aimé « beaucoup, moyen ou pas du tout » au cours de leur journée. Ce sont des instants privilégiés de confidences et de réflexion pour Johanne et son petit garçon qui, j'en suis certaine, en ressentira longtemps les bienfaits.

## POINTS BONIS

Voulez-vous maintenant savoir comment obtenir le double de la charge pour un même geste avec votre pile interne ? Eh bien, le secret, c'est la présence. Si vous êtes vraiment présent en plongeant vos orteils dans les poils de votre chien, en racontant une histoire à votre enfant, en respirant les parfums de la nature après la pluie, en profitant des couvertures toutes chaudes de votre lit douillet, en riant avec votre amoureux ou même en pleurant la perte d'un être cher, vous êtes en cohérence – vous faites un avec ce qui est – et vous obtenez automatiquement le double des points. Essayez ! Vous verrez combien votre pile se charge encore plus fort. Si vous traversez un moment triste, traversez-le comme on accepte un orage qui passe. Vous constaterez que pleurer lorsque vous en avez besoin n'affecte en rien votre pile. Étrangement, je serais même portée à croire qu'une bonne crise de larmes bien vécue (comme celles des enfants) recharge la pile, probablement en raison de son effet libérateur. Ce qui la vide, c'est la couche de complexité que nous avons souvent envie de rajouter par nos pensées.

Il y a quelque temps, j'ai eu le grand privilège d'interviewer Eckhart Tolle, un sage au cœur d'enfant reconnu internationalement pour ses livres, dont le célèbre *Pouvoir de l'instant présent*. M. Tolle m'expliquait combien notre esprit rationnel aime construire des histoires :

« Tout le monde a une histoire au sujet de sa vie », dit-il. « Parfois, lorsque vous rencontrez de nouvelles personnes, elles commencent très rapidement à vous raconter cette histoire. Si elles ne trouvent personne à qui la dire, elles se la raconteront dans leur tête ! Dans mon dernier livre, *Nouvelle terre*[13], je donne l'exemple des canards qui se chamaillent parfois entre eux. J'ai observé qu'après leurs petites esbroufes, lesquelles ne durent jamais longtemps, ils se séparent à nouveau, secouent leurs ailes vigoureusement à quelques reprises, puis se remettent à glisser sur l'eau comme si rien n'était arrivé. Ils ont laissé le passé derrière eux, de même que la montée d'énergie que leur escarmouche avait provoquée. Je me demande comment cela se passerait si les canards pouvaient penser. Pouvez-vous imaginer les différentes histoires qu'ils se raconteraient ? *Regarde ce qu'il m'a fait ! Je ne pourrai plus jamais lui faire confiance. Aucun canard mâle n'aura plus jamais ma confiance. Tous les canards mâles sont des imbéciles !* Bref, l'esprit fait sa petite affaire tout seul et vous y croyez dur comme fer. Vos pensées obscurcissent la simplicité de la vie[14]. »

## BILAN QUOTIDIEN DES BONHEURS SIMPLES

Oprah Winfrey raconte souvent que le fait de tenir un journal de gratitude, tous les soirs avant de se coucher, a transformé sa vie. Dans les moments les plus difficiles de notre vie, on se demande bien comment il serait possible de trouver un seul objet de gratitude dans notre journée. Cependant, je crois que ce que la célèbre animatrice de télévision américaine avait compris, c'est qu'on peut toujours parvenir à déceler divers moments dans notre journée où nous avons pu ressentir de la satisfaction. Ils se trouvent dans les gestes les plus banals : préparer le repas, sourire à un passant, compléter une tâche dont nous sommes fiers comme le ménage, une présentation au bureau, le désherbage du jardin, un geste affectueux, le chant choral, observer un chat en train de faire sa toilette, une randonnée à bicyclette, goûter à la caresse du vent sur notre visage, libérer une mouche qui se cognait désespérément contre le carreau de la porte…

Marquez des points au moment où vous les vivez, marquez encore des points en y étant présent et marquez encore plus de point, le soir, en vous les remémorant et en sentant l'énergie de satisfaction entrer dans toutes vos cellules. Ce dernier point est très important, selon moi : vous devez sentir l'énergie de satisfaction gonfler votre cœur (en « respirant par le cœur », si cela vous aide), puis s'infiltrer dans toutes les cellules de votre corps.

## TOUT EST NOURRITURE

*Sarvam annam*, dit-on en Inde. « Tout est nourriture. » Tout ce qui se propose à nous est nourriture, que ce soit sur les plans physique, affectif ou spirituel. Thich Nhat Hanh, un maître bouddhiste zen vietnamien très respecté, parle souvent de « consommation » pour décrire, à sa manière, ce qui peut nous fournir une bonne réserve d'énergie ou l'épuiser. « Quand nous traversons une ville », explique-t-il, « nous consommons beaucoup, visuellement, auditivement, etc. Une conversation est également une forme de consommation. Parfois, elle peut nous faire consommer beaucoup de haine et de violence. » Il est vrai que la ville peut souvent nous épuiser sans qu'on sache trop pourquoi. Nous rentrons le soir, après soixante longues minutes passées dans la voiture ou dans le métro à l'heure de pointe et nous avons l'impression que ce trajet nous a davantage fatigués que notre journée entière au boulot. Et que dire des rapports humains qui nous drainent sournoisement ? Outre la malbouffe dont on parle abondamment, les médias, l'agitation des villes, les relations toxiques, les environnements de travail malsains sont parfois d'importants facteurs de « pollution intérieure » qui méritent également toute notre considération.

Le vénérable Thich Nhat Hanh raconte avoir déjà eu l'occasion de discuter de ce thème avec les membres du Congrès américain. Selon eux, il était bien difficile d'empêcher les Américains de vendre la quantité astronomique de produits disponibles sur le marché ou d'empêcher les gens de les consommer, car ce serait contraire à la liberté d'expression de chacun. Pour le maître zen, cette surproduction a pour seul but de générer encore plus d'argent et reflète un manque flagrant de responsabilité. « La liberté sans responsabilité n'est pas une vraie liberté », insiste-t-il. « J'ai donc suggéré aux Américains d'ériger à côté de la statue de la Liberté, une statue de la Responsabilité[15]. »

Un individu peut difficilement s'attaquer aux défauts du système capitaliste par lui-même. Si votre essence en est une de défenseur de la veuve et de l'orphelin, si vos passions concernent la politique et les mouvements sociaux, allez-y à fond ! Entre-temps, chaque individu peut certainement faire bouger les choses en transformant ses propres habitudes de consommation. Mais surtout, vous pouvez trouver mille et un petits bonheurs du quotidien pour faire en sorte que votre pile soit toujours chargée à capacité. Ainsi, lorsque vous n'aurez d'autre choix que de parcourir une ville, vous entretenir avec un collègue qui pompe constamment l'énergie des autres, prendre le métro à l'heure de pointe ou traverser une épreuve personnelle, vous serez beaucoup moins affecté. En bout de ligne, il est clair que le monde en bénéficiera à son tour.

Les petits rappels réguliers de satisfactions simples nous ramènent à notre cœur, notre corps et l'instant présent. Bientôt, vous aussi serez accro des gestes anodins. À court terme, vous constaterez combien tous ces moments sont des cadeaux que vous vous offrez à vous-même comme autant de marques d'amour. À plus long terme, vous sentirez qu'ils s'accumulent dans votre pile interne de satisfaction et instaurent une impression de bien-être pétillant de plus en plus stable, vous permettant de renoncer beaucoup plus facilement à vos anciennes habitudes néfastes. Je préfère remplir tout mon être de satisfactions simples qui, d'elles-mêmes, m'encourageront à entretenir un mode de vie de plus en plus sain, plutôt que de m'astreindre à une discipline de fer empreinte de non-amour caché. Les instants simples ne coûtent absolument rien ! Et tant pis pour l'industrie florissante des bonheurs artificiels. N'en déplaise aux tenants de la production de masse, une société franchement heureuse ne risque-t-elle pas d'être plus prospère qu'une société souffrant de surconsommation ?

# 5e leçon

## Vos cordes maîtresses

*« Un musicien doit faire de la musique,*
*un artiste peindre, et un poète écrire,*
*s'ils veulent être en paix avec eux-mêmes.*
*Ce qu'un homme peut être,*
*il doit l'être. »*

ABRAHAM MASLOW

Lorsque nous sommes frappés par une bonne grosse crise d'identité, nous sommes nombreux à espérer découvrir notre « mission sur terre ». Nous errons, hagards et désorientés, lançant des messages désespérés à l'univers dans l'espoir qu'un beau jour, un Ange, un Archange ou peut-être nul autre que Dieu lui-même en personne nous fera son Annonciation. Un projecteur céleste se braquera tout à coup sur nous puis, éblouis par ce faisceau de lumière divine mais tout ouïe, nous recevrons enfin la révélation : « Ta mission sur terre, mon enfant, sera de... »

Malheureusement, ce genre de scène ne se produit qu'au cinéma et si vous espérez l'arrivée d'un tel événement dans votre vie, vous risquez d'attendre longtemps. Ce que certains appellent la « mission » ressemble davantage à un chemin d'évolution, avec ses détours et ses obstacles à franchir, plutôt qu'à une réponse fixe aux contours bien définis. En revanche, nous avons tous raison de le chercher, ce chemin qui est le nôtre. Nous pressentons tous que notre vie a bel et bien un sens et que nous sommes définitivement pourvus de talents qui ne demandent qu'à être mis en valeur. Cet appel-là est tout ce qu'il y a de plus sain. Il constitue le point de départ d'une fabuleuse aventure. Lorsque nous nous posons sincèrement la question : «Quel sens puis-je donner à ma vie?», un mouvement vers le cœur de notre être s'enclenche automatiquement.

## UNE ÉQUATION GAGNANTE

Plus nous jouons un rôle qui ne nous correspond pas, plus nous faisons fausse route. Nous enfermons la Poupée lustre à l'intérieur des diktats de la Poupée rustre et nous avançons, bon gré mal gré, ballottés par les événements extérieurs. Lorsque nous commençons à comprendre qu'on ne peut pas blâmer les événements extérieurs pour ce qui nous arrive et que notre véritable pouvoir se situe au niveau de ce que l'on peut transformer en soi, notre chemin de vie commence à se préciser. Il passe alors par la reconnaissance de ce que j'appelle nos «cordes maîtresses», lesquelles sont issues de l'équation suivante : *Essence + Passions*.

Votre essence, c'est qui vous *êtes*, avec votre tempérament, vos qualités, vos talents, etc. Elle est votre particularité et vous confère vos cordes maîtresses. Vos passions, quant à elles, correspondent à ce que vous aimez *faire*. Elles sont le ou les *ragas* qui vous ressemblent et vous animent le plus.

| ESSENCE | PASSIONS |
|---|---|
| ~ | ~ |
| Vos cordes maîtresses | Vos *ragas* de prédilection |
| En lien avec l'*être*, elle tend à se libérer | En lien avec le *faire*, elles peuvent radicalement changer |
| Qualités Talents/Dons Rythme personnel Tempérament Votre *rasa* | Multiples Variées Se transforment avec le temps |
| Votre feu | Combustible qui anime votre feu |

Votre essence est innée. Elle est constituée des divers ingrédients propres à votre poupée lustre et vous confère un *rasa*, c'est-à-dire une saveur, un parfum, une couleur bien à vous. Ce subtil amalgame fait donc de vous un être absolument unique au monde.

Si votre essence correspond à votre feu personnel, on pourrait dire que vos passions sont ce qui lui sert de combustible. Les passions sont souvent inter-reliées à l'essence et il est parfois un peu difficile de les démarquer clairement. Cependant, contrairement à votre essence qui est en constante évolution tout en suivant une ligne directrice, vos passions peuvent un jour changer du tout au tout ou prendre une tangente insoupçonnée. Après un certain temps, nous pouvons en effet sentir que nous avons fait le tour du jardin, puis nous voilà prêts à nous passionner pour autre chose. Par exemple, un fou de la voile, peut tout à coup ressentir un élan vers les enfants et le désir pressant de fonder un foyer. Le jour où il sera effectivement entouré de sa famille, ce même individu sera peut-être encore attiré par la mer et les vastes espaces, mais ses priorités auront changé ; il sera heureux de se consacrer d'abord à ceux qu'il aime.

Parfois, le destin se met de la partie pour nous faire découvrir des passions insoupçonnées. Je pense entre autres à deux femmes extraordinaires (que j'ai interviewées à quelques reprises) qui continuent de laisser leur marque au Québec et ailleurs, soit Colombe Plante et Marie-Lise Labonté. L'une et l'autre paraissent totalement différentes, à prime abord, mais certains événements de leur vie les relient.

## L'HISTOIRE DE COLOMBE PLANTE

Colombe est née dans une famille d'agriculteurs. Sa passion pour la cuisine s'est révélée très tôt. Toute jeune, elle adorait aider sa mère dans la préparation de succulents repas. Son essence de femme maternelle au grand cœur la poussait, comme sa mère, à rassembler de nombreux convives autour d'une table pour les combler de délicates attentions. Quelques brèves années après son mariage, Colombe fut terrassée par deux terribles nouvelles. L'une concernait l'état de santé de son mari, qui allait être malade sa vie durant, et l'autre où elle reçut elle-même un diagnostic d'arthrite rhumatoïde, un mal incurable, au dire des médecins. Son réflexe naturel fut de se tourner immédiatement vers l'alimentation saine. En fait, dès l'annonce de son diagnostic, Colombe fut déterminée à ne pas rester victime de sa maladie et à faire tout ce qui serait en son pouvoir pour guérir. Cette épreuve l'a amenée à approfondir ses connaissances dans le domaine de la nutrition et à préciser sa passion pour la cuisine, ce qui lui a valu de se rétablir à 100%. Couplé à son essence d'enseignante altruiste, son *raga* de prédilection a fait d'elle une pionnière en alimentation saine au Québec. Aujourd'hui, elle enseigne avec bonheur les rudiments de l'alimentation naturelle et a publié une quinzaine de livres de recettes de son cru, dont l'un a été primé sur la scène internationale[16].

## L'HISTOIRE DE MARIE-LISE LABONTÉ

Marie-Lise Labonté fut aussi atteinte d'arthrite rhumatoïde, il y a plusieurs années. À cette époque, elle se passionnait pour son métier d'orthophoniste. Sa maladie l'obligea d'abord à marcher avec une canne, puis le jour où son médecin lui annonça qu'il faudrait bientôt songer au fauteuil roulant, elle en eut assez. Ses recherches la conduisirent en France, auprès de Thérèse Bertherat, créatrice de l'*antigymnastique*, une approche permettant de se libérer des mémoires retenues dans le corps. Cette méthode permit à Marie-Lise de retrouver l'usage de ses jambes. Complètement guérie, Marie-Lise mène désormais une carrière internationale où elle enseigne une technique basée sur l'antigymnastique et adaptée aux diverses connaissances qu'elle a acquises au fil des ans sur son propre chemin. Son approche porte maintenant le nom de *Méthode de libération des cuirasses*[17].

Colombe et Marie-Lise ont emprunté des chemins différents pour venir à bout d'une même maladie. Dans les deux cas, leur passion première (l'une pour la cuisine, l'autre pour l'orthophonie) fut influencée par le destin. Il est intéressant de constater que leurs souffrances leur réservaient un cadeau caché : la découverte de chemins nouveaux menant à la santé et pouvant être partagés à un grand nombre de personnes.

En faisant face aux défis de l'existence et en trouvant des moyens créatifs afin de vibrer de toutes vos cordes, votre chemin deviendra de plus en plus agréable; votre vie sera satisfaisante et remplie de surprises.

## IDENTIFIEZ VOS CORDES MAÎTRESSES

Lorsqu'elle était petite, Colombe Plante passait des heures à s'amuser avec ses frères dans le carré de sable que leur avait aménagé leur père. Les garçons construisaient des routes pour leurs camions, et que faisait Colombe ? Elle cuisinait des tartes imaginaires et de délicieux pâtés de sable… qu'elle faisait goûter à ses frères ! Comme si, toute petite, le fil conducteur de sa vie était déjà inscrit dans ses jeux préférés. L'enfance (et l'adolescence, dans une certaine mesure) constitue une période privilégiée puisqu'elle est encore relativement vierge de tout conditionnement extérieur. Ainsi, nos jeux d'enfance en disent long sur notre essence et le type d'activités qui nous passionnent. Nicole Gratton[18] (mon professeur d'analyse de rêves et, surtout, celle qui la première m'a aidée à découvrir mon chemin de vie) appelle cela «la mémoire du futur». C'est-à-dire que, dès notre naissance, est déjà inscrit en nous tout notre potentiel de réalisation.

À partir d'ici, je vous propose quelques exercices pratiques très simples, mais combien révélateurs, afin que vous puissiez commencer à mettre des mots sur les éléments qui caractérisent votre essence et vos passions. Prenez le temps de noter vos réponses. L'écriture est incontestablement le moyen par excellence permettant de voir clair en nous-mêmes et de solidifier notre route.

EXERCICE

Quelques indices permettant d'identifier
votre essence

❖ *Quand j'étais enfant, je jouais souvent à :*

❖ *À quels talents et qualités ces jeux faisaient-ils appel ?*

❖ *Plongez maintenant dans vos souvenirs scolaires. Dans quelles activités parascolaires adoriez-vous vous immerger ? (Théâtre, sport, photographie, etc.)*

Je rencontre régulièrement des personnes pour qui il est impossible de retourner dans les souvenirs de leur enfance. Il arrive en effet que le cerveau choisisse d'enfouir certaines réminiscences trop douloureuses. C'est un mécanisme de survie courant et certainement salutaire dans bien des cas. Si vous sentez un jour que ces mauvais souvenirs tentent de remonter à la surface et qu'ils risquent de vous submerger, n'hésitez surtout pas à consulter un thérapeute compétent. D'une manière ou d'une autre, cela ne vous empêchera jamais de découvrir votre essence et vos passions.

## VOS HÉROS

Les personnes qui suscitent votre admiration en disent long sur qui vous êtes. Ils peuvent appartenir au réel ou à la fiction, au présent ou au passé. Il peut s'agir d'une célébrité que vous n'avez jamais rencontrée ou de quelqu'un que vous avez connu personnellement. Ce qui compte, c'est de pouvoir dégager la symbolique qui en découle et de créer des liens avec des aspects de vous-même que vous ignorez. Pensez aux deux ou trois personnes qui vous fascinent, qui vous font rêver ou dont vous êtes le plus grand fan, puis notez leurs caractéristiques principales.

*Note* : Certaines personnes sont parfois mal à l'aise avec le terme « héros » qui peut effectivement avoir une connotation péjorative. Si aucun héros ne vous vient immédiatement à l'esprit, pensez tout simplement au type de personnes qui, selon vous, accomplissent ou ont accompli des choses remarquables.

### EXERCICE

**Autres indices permettant d'identifier
votre essence**

❖ *Nommez trois personnes ou personnages fictifs suscitant votre admiration ou votre fascination.*

– *Héros n° 1 :*

*Ses principales caractéristiques, selon moi :*

– *Héros n° 2 :*

*Ses principales caractéristiques, selon moi :*

– *Héros n° 3 :*

*Ses principales caractéristiques, selon moi :*

Maintenant, relisez les qualités que vous avez attribuées à vos héros en prenant conscience que vous les possédez déjà. Si vous admirez ces personnes alors que vous pourriez en admirer des millions d'autres, c'est qu'elles représentent quelque chose qui vibre fortement en vous, mais que vous avez peut-être plus ou moins exprimé jusqu'ici. On admire en effet les personnages ayant accompli une œuvre à laquelle nous aspirons nous-mêmes, directement ou indirectement. Nous apprécions chez ces modèles des traits de caractère qui réclament intensément la lumière du jour. Posez les mêmes questions aux gens qui vous entourent. Vous verrez combien les personnages de leur choix correspondent à des traits de caractère qui leur sont propres.

Une participante à une conférence m'a déjà confié admirer Mère Teresa. «Mais je n'ai absolument pas envie de me faire religieuse!» s'exclama-t-elle avec scepticisme. Cette femme semblait particulièrement épuisée. Ses propos dénotaient une forte propension à la pensée rationnelle, au détriment de l'intuition et de l'imagination. Elle ne voyait pas comment son héroïne s'avérait la métaphore d'une qualité ou d'un accomplissement qui sommeillait au fond d'elle-même. Pourtant, un peu plus tard dans la conférence, elle avoua entretenir le rêve de partir un jour en mission en Afrique. Les membres du groupe ne purent s'empêcher de réagir: «Mais la voilà, la Mère Teresa en toi!» Cette femme, qui était comptable de métier, cherchait inconsciemment à faire vibrer sa corde de la compassion. Elle possédait en elle cette qualité, même si, apparemment, elle l'ignorait. À tout le moins, son âme l'encourageait-elle à trouver un meilleur équilibre entre ses qualités rationnelles qu'elle exploitait quotidiennement et celles du cœur qu'elle avait peut-être trop négligées.

## EXERCICE

**Votre plus grand moment de satisfaction**

❖ *Identifiez le ou les moments vous ayant procuré la plus grande satisfaction dans votre vie. Y a-t-il eu un moment de satisfaction si grand que vous avez même ressenti une forme d'état de grâce ?*

❖ *Qu'est-ce qui vous a rendu si heureux à cette occasion ?*

❖ *Énumérez les talents et les qualités qui vibraient si fort en vous, à cette occasion.*

❖ *Que ressentez-vous aujourd'hui en revivant ces événements ?*

Si vous n'avez jamais goûté à l'état de grâce que nous procurent les instants de vie où nous avons l'impression de vibrer de toutes nos cordes, ne vous en faites pas. Retenez simplement qu'il vous est possible d'y accéder.

Pour ceux qui parviennent à évoquer de tels souvenirs, gardez bien en mémoire les qualités et les talents que ces moments ont fait ressortir. Ils parlent certainement très fort de votre essence.

## EXERCICE

### Vos aptitudes, vos dons particuliers et vos valeurs

❖ *Quelles sont les aptitudes particulières que vous vous reconnaissez ?*

❖ *Possédez-vous des dons indéniables ? Attention, ne succombez pas ici à la tentation de les diminuer ou de les esquiver. La plupart du temps, des tas de gens les reconnaissent autour de nous et nous en parlent depuis des années, mais parce qu'une seule personne influente les a autrefois dénigrés, nous choisissons souvent de les balayer sous le tapis !*

❖ *Si certaines valeurs sont importantes pour vous, prenez le temps de les énumérer ici.*

## QU'EN EST-IL DE VOS PASSIONS ?

Comme je le mentionnais il y a quelques instants, la ligne est parfois mince entre notre essence et nos passions, mais maintenant que vous avez répondu aux questions précédentes, pouvez-vous tout de même faire certains recoupements quant aux caractéristiques de votre essence ? Certaines constantes se dégagent-elles ?

Quoi qu'il en soit, poursuivons tout de suite notre exploration et voyons ce que vous allez répondre aux questions suivantes, lesquelles se rapportent surtout à vos passions.

### EXERCICE

**Quelques indices permettant d'identifier
vos passions**

❖ *De l'école primaire jusqu'à l'université, si tel est le cas pour vous, quelles étaient vos matières préférées ?*

❖ *Lorsque vous entrez dans une librairie, vers quel rayon vous dirigez-vous immédiatement et pourquoi ?*

Si vous êtes un adepte des biographies, tentez de dégager quelques constantes. Les biographies vous ramènent à la question des héros, en page 78. Quels types de personnages vous attirent le plus ? Qu'admirez-vous chez ces personnes ? Ce qu'il y a d'intéressant avec ce type de lecture, c'est qu'elles nous inspirent souvent à suivre notre propre chemin. Elles nous prouvent que tout est possible, que l'on peut mener une existence exaltante, tout en surmontant les pires embûches.

❖ *Quelles émissions de télévision aimez-vous regarder et pourquoi ?*

❖ *Quels sont le ou les magasins où vous adorez passer du temps, où vous entrez dans une sorte d'état second rien qu'à contempler tout ce qui se trouve sur les tablettes. (Ex. : Quincailleries, boutiques d'équipement de plein air, de matériel d'artiste, d'articles pour le bureau, etc.)*

❖ *Quels sont les activités ou les passe-temps qui vous font perdre toute notion du temps ?*

Lorsqu'une activité vous absorbe pendant des heures, c'est qu'elle vous nourrit plutôt que de vous épuiser. Vous êtes là en présence d'une activité de choix pour votre pile de satisfaction et, en même temps, d'un précieux indice quant à vos ingrédients de base, car la sensation de ne plus voir le temps passer signifie que vous entrez dans un état de pure créativité.

## LAISSEZ DÉCANTER

Lorsque vous aurez accumulé suffisamment d'indices, certains lignes de forces commenceront à se dégager. Laissez décanter pendant quelques jours. Dans les prochaines pages, nous allons de toute façon poursuivre notre exploration et en venir à bien cerner les divers éléments de votre sitar personnel.

# 6e leçon

## Quelques essences types

*« La seule chose que vous avez à offrir à un autre être humain,*
*en tout temps, c'est votre propre façon d'être. »*

RAM DASS

Au cours des prochaines pages, certains types d'essence vous seront proposés, afin de vous aider à mieux cerner vos cordes maîtresses. Dans son ouvrage intitulé *Les familles d'âmes*[19], Marie-Lise Labonté regroupe différentes cellules d'êtres humains selon leurs qualités et leurs talents. Cette notion d'appartenance familiale me plaît beaucoup, car bien souvent au début d'une telle démarche de réappropriation, nous croyons que ce qui nous rend unique est ce qui fait aussi de nous un être différent. Et pour plusieurs, qui dit différence, dit isolement. N'ayez crainte puisque, au contraire, lorsque vous commencerez à mettre l'accent sur votre essence et vos passions, vous finirez inévitablement par fréquenter les personnes partageant des qualités et des passions semblables aux vôtres. Vous aurez tout à coup l'impression d'évoluer au sein d'une famille, d'un réseau et même de toute une communauté d'intérêts réceptive et solidaire.

À force d'observation dans le cadre de ma pratique, j'ai remarqué que certaines constantes semblaient revenir d'un individu à l'autre, lorsqu'il était question d'identifier leur essence. Au bout d'un moment, j'ai répertorié dix-huit essences types dont la liste figure en page 87. Pourquoi dix-huit ? J'avoue honnêtement que je l'ignore. Depuis le temps que j'utilise ce modèle, tout ce que je peux dire c'est qu'il fonctionne bien et que tout le monde s'y reconnaît facilement. D'ordinaire, les gens s'identifient à trois ou quatre de ces catégories, dont l'une s'avère nettement prédominante. Mises ensemble et combinées à nos passions, nos valeurs et notre histoire personnelle, nos trois ou quatre essences types produisent un amalgame particulier que vous pourrez ensuite considérer comme vos cordes maîtresses. Précisons tout de même que les dix-huit essences types ne sont que des *points de repère*. Amusez-vous à identifier les composantes de votre essence grâce aux dix-huit catégories énumérées ci-dessous, mais sachez que *vous* êtes la personne la mieux placée pour mettre des mots sur vos lignes de force. *La leçon de sitar* vise à ce que vous appreniez de mieux en mieux à vous connaître et, d'ici la fin de ce livre, vous devriez être en possession d'un portrait bien précis de votre façon unique d'exprimer la vie, en vos propres termes.


## SORTIR DES MOULES PRÉÉTABLIS

Autant que faire se peut, j'ai tenté d'éviter le vocabulaire traditionnel associé au monde du travail, de manière à toucher aux principes inhérents à chaque essence type. Par exemple, plutôt que de parler d'avocats, de policiers ou de militants, je préfère employer le terme « défenseurs ». Ainsi, nous nous concentrons sur la force de vie qui pousse un individu à se sentir à sa place dans une activité particulière. Cette distinction permet bien sûr beaucoup plus de concision, mais elle a surtout pour but de nous faire sortir des sentiers habituels, d'élargir nos horizons et de nous amener à inventer un tout nouveau métier ou type de projet, s'il le faut. Par exemple, une mère de famille à temps plein, possédant entre autres l'énergie d'un défenseur et une passion pour l'environnement pourrait permettre à cette corde maîtresse de vibrer si elle faisait du bénévolat pour un comité de citoyens militant pour la survie des cours d'eau de sa région. Un infirmier découvrant qu'il appartient à la grande famille des guérisseurs, mais aussi à celle des aventuriers pourrait choisir de réorienter sa carrière vers le métier d'ambulancier, afin que puisse s'exprimer son potentiel de guérison, en même temps que son besoin d'action.

Voici donc la liste des dix-huit essences types. Cette liste sera suivie d'une brève description. Lorsque vous vous reconnaîtrez dans l'une ou l'autre de ces essences, je vous invite à cocher la case correspondante.

## LES 18 ESSENCES TYPES

| | | | |
|---|---|---|---|
| ❏ | Altruistes | ❏ | Esthètes |
| ❏ | Amants de la nature | ❏ | Financiers |
| ❏ | Amuseurs | ❏ | Guérisseurs |
| ❏ | Analytiques | ❏ | Jouisseurs |
| ❏ | Aventuriers | ❏ | Leaders |
| ❏ | Communicateurs | ❏ | Manuels |
| ❏ | Défenseurs | ❏ | Moines |
| ❏ | Dynamiques | ❏ | Organisateurs |
| ❏ | Enseignants | ❏ | Sensibles |

## ❏ Les Altruistes

Dans cette famille, on retrouve les personnes qui ont vraiment le cœur sur la main. Elles sont maternelles, protectrices, généreuses et remplies de compassion. Qu'ils soient hommes ou femmes, ces êtres ont besoin de donner de l'amour, de rendre service. Ils cherchent à prendre soin des autres et à les entourer de mille et une attentions. La générosité est sans aucun doute leur valeur et leur qualité prédominante. Comme nous le verrons à la 8e leçon, cette qualité peut aussi leur jouer de vilains tours, lorsque mal ajustée.

## ❏ Les Amants de la nature

Dans cette catégorie, je regroupe les environnementalistes, les écologistes, les zoologistes, les âmes de jardiniers, de forestiers, d'agriculteurs, etc. Leur attrait pour la flore et/ou la faune est bien plus qu'une passion ; c'est une manière d'être. Certains amis des plantes vont parfois même posséder des airs de lutins ; cela me frappe à tout coup ! Les amants de la nature sont souvent très enracinés, de tempérament calme, simples et discrets.

(*Note* : Si vous n'êtes pas nécessairement du type enraciné, calme, simple et discret, mais que la nature vous passionne, cet élément pourrait peut-être mieux convenir à la case correspondant à vos passions, un peu plus loin.)

## ❏ Les Amuseurs

Les amuseurs ont définitivement le sens de la fête. Quand vous étiez encore sur les bancs d'école, ils étaient les clowns de la classe. Nous en avons tous dans notre famille ou dans notre milieu de travail. Les amuseurs, ce sont des blagueurs, des joueurs de tours, des saltimbanques, des *entertainers*, comme disent les Américains. Leur grand sens de l'humour et du spectacle peut se transposer à toutes les sauces. Ils ont besoin de divertir ou d'émerveiller les gens par leurs prouesses. Dès qu'ils apparaissent, on a envie de s'amuser.

## ❏ Les Analytiques

Les analytiques sont les maîtres de la pensée abstraite ; ils excellent dans la prise en compte et la synthèse d'éléments multiples. Parmi eux, on retrouve bien sûr les scientifiques, mais on peut également inclure dans cette catégorie les penseurs calés en philosophie, en linguistique, en informatique, dans les techniques d'enquête, etc. Si vous êtes d'essence analytique, vous serez entre autres doué pour le calcul, la logique, la synthèse, l'observation et/ou la stratégie.

## ❏ Les Aventuriers

Les aventuriers n'ont pas peur du risque. Capables de mener une vie non conventionnelle, s'ils le désirent, les grands sauts dans l'inconnu ne les arrêteront jamais. Pour certains, cela s'exprimera par le goût du large, tandis que d'autres préféreront bâtir des entreprises à partir de rien ou presque. Souvent pourvus d'une âme de pionnier, les aventuriers sont capables d'abandonner leur sécurité, au profit de leur grand besoin de liberté et d'autonomie.

## ❏ Les Communicateurs

Un communicateur vibre à partir du moment où il peut *s'exprimer*. Que ce soit sur une scène ou dans un studio, par le biais de ses pinceaux ou du clavier d'un ordinateur, le communicateur est comblé à partir du moment où il peut véhiculer un message ou une émotion. Les acteurs, artistes, journalistes, animateurs, chanteurs, etc. appartiennent à cette grande famille dont les membres n'ont habituellement pas la langue dans leur poche.

## ❏ Les Défenseurs

Ne vous attardez pas trop sur le chemin d'un défenseur s'il veut passer, car vous verrez qu'il n'a aucun mal à prendre sa place. En fait, il n'a même pas besoin d'ouvrir la bouche : par sa seule présence, un défenseur impose automatiquement le respect. Doté d'un aplomb remarquable et d'un sens aigu de la justice, il adore voler au secours de la veuve et de l'orphelin. Les défenseurs sont nos guerriers. Les militants passionnés, les policiers, les avocats appartiennent notamment à cette famille de chevaliers des temps modernes.

## ❑ Les Dynamiques

Les dynamiques adorent l'action. Leur énergie débordante peut se traduire par un immense besoin de faire bouger leur corps. Ce seront de grands sportifs ou des danseurs, ou alors, leur dynamisme se traduira par un vif enthousiasme. Ces êtres ne se laissent pas facilement abattre et n'ont pas peur d'avancer. Grâce à leur optimisme contagieux, ils peuvent s'avérer de précieux coéquipiers, car ils motivent et encouragent tout naturellement leur entourage.

## ❑ Les Enseignants

Comme son nom l'indique, l'enseignant adore transmettre un savoir et accompagner les autres dans leur apprentissage. Il existe des milliers de matières à enseigner et des milliers d'écoles. Il y a de merveilleux pédagogues dont la vocation première est littéralement d'être professeurs au sein d'une institution reconnue, mais vous pouvez très bien être fleuriste et adorer enseigner vos techniques aux autres dans le cadre de petits ateliers informels. Les enseignants sont d'excellents vulgarisateurs. Ils ont la capacité de comprendre l'information pour ensuite la traduire en fonction des besoins d'un public donné.

## ❑ Les Esthètes

Les personnes appartenant à cette famille adorent se parer et s'entourer de beauté. En ce qui les concerne, il ne s'agit pas d'une simple passion, mais bien d'une façon d'être. L'esthétique constitue le fil conducteur de leur vie. Souvent tirés à quatre épingles, les esthètes s'entourent de beaux objets. On a l'impression d'entrer dans un musée, lorsqu'on visite leur maison. Leur besoin d'offrir du beau pourra s'exprimer à travers leur métier d'artiste, de coiffeur, d'esthéticienne ou de décorateur, pour ne nommer que ceux-là.

## ❑ Les Financiers

Les financiers sont ceux qui possèdent définitivement la bosse des affaires. Le monde monétaire n'a pas de secret pour eux et ils se sentent naturellement attirés par les notions de vente ou d'administration. Les pensées du financier sont constamment tournées vers les moyens créatifs lui permettant de construire une fortune ou de faire fructifier celle d'un autre. Un individu très pauvre peut s'avérer un grand financier en devenir. En revanche, ce n'est pas parce nous sommes fortunés que nous sommes nécessairement financiers. Notre appartenance à cette famille a surtout trait à l'intérêt et la touche magique que nous détenons par rapport à l'argent.

## ❑ Les Guérisseurs

Ici, je fais autant référence aux guérisseurs du corps, qu'à ceux de la psyché ou de l'esprit. On retrouve donc dans cette grande famille, les médecins, infirmiers, thérapeutes et guides spirituels variés. Souvent, les guérisseurs ont eux-mêmes connu la maladie ou alors la souffrance morale. Souvent, on leur dira que leurs mains ont un effet thérapeutique ou bien qu'ils ont vraiment un don pour comprendre la souffrance des autres. « Soigner » est leur motivation première.

## ❑ Les Jouisseurs

Les membres de la famille des jouisseurs adorent les plaisirs des sens. Ils aiment goûter et faire goûter. Leurs papilles gustatives sont plus développées que la moyenne et leur odorat plus raffiné. Ou alors, ils aimeront particulièrement toucher et être touchés. Les jouisseurs peuvent faire d'extraordinaires cuisiniers, amateurs de vins ou de thé, parfumeurs, aromathérapeutes, massothérapeutes, etc. Ils sont là pour apprendre (et nous apprendre) à profiter pleinement des plaisirs de la vie sans les inhiber, mais sans s'y perdre, non plus.

## ❑ Les Leaders

On pense ici aux politiciens, aux dirigeants d'entreprise, aux visionnaires, aux chefs d'équipe. Ce sont des rocs sur lesquels on a envie de s'appuyer. Grâce à leur capacité d'ancrer l'énergie d'un projet ou d'une organisation, les équipes peuvent se référer à eux, afin de savoir où elles vont. Les leaders sont les gardiens de la cohésion. Ils sont à l'aise avec les responsabilités et ont la résistance voulue pour ne pas se laisser miner par la pression ou la critique. Leur défi consiste à user de leur pouvoir avec justesse.

## ❑ Les Manuels

Faciles à reconnaître, les manuels adorent bricoler ou créer dans la matière. Leur qualité principale : l'habileté. Les individus formant ce groupe sont du genre à aimer démonter les moteurs d'automobiles ou les postes de radio pour savoir comment ils fonctionnent. Ils font donc d'excellents techniciens, mécaniciens, menuisiers, ingénieurs et architectes (bien que ces deux derniers métiers puissent aussi appartenir à la famille des analytiques. À vous de voir.) Les manuels, ce sont les inventeurs, les « patenteux » comme dirait mon père, mais aussi des créatifs comme les couturiers, peintres, sculpteurs ou les spécialistes de l'aménagement paysager, par exemple.

## ❏ Les Moines

On peut bien sûr considérer que cette famille rejoint toutes les personnes ayant envie de se consacrer à la dimension spirituelle. Cependant, j'y inclus également tous ceux qui aiment effectuer ce qu'on appelle un « travail de moine. » Ces personnes se plaisent à travailler seules et avec minutie. Elles sont méticuleuses, soignées, rigoureuses. Je pense autant aux comptables qu'aux traducteurs, aux pâtissiers, aux ébénistes, aux actuaires, etc. Il y a un côté « intérieur » très présent, de même qu'une grande aptitude à la concentration chez les membres de la famille des moines.

## ❏ Les Organisateurs

Il va sans dire que si vous n'êtes pas vous-même une personne très organisée, il serait difficile d'entrer dans ce groupe. Mais attention ! J'ai souvent remarqué que les individus possédant cette qualité ne s'en rendent pas toujours compte. Ils la tiennent pour acquise, alors qu'il s'agit d'un atout considérable. Grâce à leur capacité à ordonner les choses, leur perspicacité, leur grande énergie et leur vision globale, les organisateurs sont de précieux coéquipiers dans la planification et la mise en place de divers projets.

## ❏ Les Sensibles

Facilement en contact avec leur vie intérieure, les sensibles sont dotés d'une écoute ou d'un sens de l'observation remarquables. Ils sont souvent extrêmement imaginatifs et compréhensifs. Tout ce qui requiert de la délicatesse ou du doigté peut leur réussir. Leurs émotions sont à fleur de peau, ce qui peut même les conduire à développer leur intuition de façon notoire. Les sensibles peuvent faire de formidables accompagnateurs, écrivains, poètes, thérapeutes, spécialistes du monde marin, etc.

## POUR BIEN IDENTIFIER VOS ESSENCES TYPES

Nous éprouvons souvent beaucoup de difficultés à percevoir ce que nous avons de particulier. Nos qualités et nos talents nous semblent si naturels que nous avons tendance à croire que tout le monde les possède. Afin de vous aider à corroborer vos choix parmi ces dix-huit essences types, procédez maintenant par comparaison. Observez les gens qui vous entourent ; tentez d'identifier leurs essences et voyez, par contraste, ce que vous possédez que les autres n'ont pas.

Mieux : réunissez un groupe d'amis qui auront préalablement lu et rempli ce questionnaire. Demandez-leur de vous confirmer si vos choix d'essences types correspondent bien à ce qu'ils perçoivent de vous. Vous pouvez vous amuser à faire de même avec chacun des membres du groupe. En atelier, nous procédons de cette manière. Les participants commencent par une exploration individuelle, puis en équipes de deux ou trois. Nous revenons ensuite au grand groupe et nous soupesons ensemble les choix de chacun. Même si les membres du groupe ne se connaissent que depuis peu, ils finissent toujours par ressentir l'essence des autres avec une étonnante justesse.

La force du groupe s'avère utile lorsqu'un individu est en bataille avec l'une de ses essences. Soit il tient son essence pour acquise et l'écarte d'emblée, soit l'individu désire rejeter une qualité prédominante chez lui en raison des ennuis qu'elle lui a causés par le passé. Je me souviens par exemple du cas de Line, une ancienne avocate qui ne voulait absolument pas appartenir à la famille des défenseurs car cela lui rappelait de trop mauvais souvenirs (liés à des expériences très personnelles). Au bout d'un long moment, elle a fini par réaliser que nous ne possédions pas tous un sens de la justice aussi développé que le sien et que cette force pouvait servir à des millions d'autres sauces, sans qu'elle ait nécessairement à revêtir la toge pour le restant de ses jours, si c'est ce qu'elle souhaitait.

Dès que le groupe sent qu'il a touché à chacune des trois ou quatre essences décrivant le mieux la personne, le principal intéressé se met à sourire d'aise, tout en rougissant un peu. L'impression de libération que cette reconnaissance suscite chez la personne est toujours très beau à voir.

## QUELQUES EXEMPLES D'AMALGAMES

Voyons maintenant comment certains types d'essence qui, lorsqu'ils sont bien reconnus et combinés à nos passions, s'amalgament pour se transformer en une puissante forme d'expression.

### Le cas de Carole

Quand nous avons abordé la question de ses cordes maîtresses, Carole était sur le point de prendre sa retraite, à la suite d'une longue carrière comme infirmière et administratrice d'un centre local de soins à domicile. « Je suis heureuse de prendre ma retraite », me confia-t-elle, « mais je n'ai pas envie de consacrer le reste de ma vie uniquement à des passe-temps. Il me semble que c'est normal de vouloir encore me sentir utile. » « Mais bien sûr », répondis-je, « la majorité d'entre nous avons besoin de donner un sens à notre vie. C'est tout ce qu'il y a de plus normal et sain ! » Lorsque je la questionnai sur ses jeux d'enfance, Carole m'a éberluée en se souvenant tout à coup (sans savoir où je voulais en venir avec ma question) qu'elle avait l'habitude de rescaper les insectes en train de se noyer dans la piscine, chez ses parents, lorsqu'elle était petite. Elle découpait des carrés de coton blanc, plaçait chaque insecte sur ces petits lits improvisés, les séchait et les stimulait de son mieux, dans le but de les ramener à la vie. Si ce n'est pas l'esprit du guérisseur, ça, je me demande bien ce que c'est!

En racontant cette histoire en conférence, quelle ne fut pas ma surprise d'entendre une autre infirmière déclarer qu'elle aussi sauvait régulièrement les insectes des eaux, durant son enfance. «Par contre», ajouta-t-elle, «je n'avais jamais pensé aux petits carrés de coton blanc. Zut! C'était pourtant une excellente idée!» Je suis souvent renversée d'entendre les descriptions de jeux d'enfance des personnes que je rencontre. Tenter de soigner des insectes en perdition… Jamais je n'aurais pu m'imaginer un tel jeu d'enfant; néanmoins, pour un véritable guérisseur, cela semble tout à fait naturel.

Pour en revenir à l'exemple de Carole, cette anecdote, le fait qu'elle avait passé sa vie d'adulte dans le monde hospitalier et sa personnalité empathique fournissaient d'énormes indices pointant en direction de la famille des guérisseurs. Tout portait même à croire qu'il s'agissait probablement de son essence dominante. Lorsqu'elle finit par déclarer qu'elle songeait à étudier en herboristerie à sa retraite, alors il n'y avait plus de doute dans mon esprit. À maintes reprises, j'ai rencontré des infirmières qui, après avoir quitté un système hospitalier qu'elles jugeaient trop… inhospitalier, étaient devenues réflexologue, naturopathe, ostéopathe, etc. Dans tous ces cas, la guérison demeurait leur fil conducteur. Si Carole avait pour essence dominante celle des guérisseurs, ses aptitudes en administration correspondaient à son essence d'organisatrice et ses grandes qualités humaines signalaient une appartenance à la famille des altruistes et/ou des sensibles. Ses ingrédients de base ou cordes maîtresses pouvaient donc se lire comme suit :

## LES CORDES MAÎTRESSES
## DE CAROLE

=

```
┌─────────────────────────────────┐
│          Guérisseuse            │
└─────────────────────────────────┘
```

(Essence dominante)

+

```
┌─────────────────────────────────┐
│          Organisatrice          │
│            Altruiste            │
│             Sensible            │
└─────────────────────────────────┘
```

(Essences complémentaires)

+

```
┌─────────────────────────────────┐
│          Herboristerie          │
│         Santé physique          │
│           Spiritualité          │
└─────────────────────────────────┘
```

(Passions)

## Le cas de Anne

Mon amie Anne Drouin est une esthète accomplie. Toujours soucieuse de son apparence, Anne ne peut jamais se montrer en public sans rouge à lèvres ni mise en pli. Elle a d'ailleurs commencé sa carrière dans le domaine de la coiffure. Très habile de ses mains (famille des manuels), elle a ensuite été propriétaire d'une boutique de vêtements confectionnés par elle et ses sœurs. À l'époque où j'ai fait sa connaissance, elle était devenue coiffeuse-maquilleuse en télévision. Or, pendant tout ce temps, Anne caressait un rêve secret, soit celui de devenir peintre à temps plein. Grâce à ses talents artistiques (famille des Communicateurs) et à son petit côté femme d'affaires (Financiers), elle y est parvenue. Non seulement produit-elle aujourd'hui des toiles magnifiques, mais elle peut vivre de son art en étant de tous les symposiums, en participant régulièrement à des expositions, dont certaines à l'étranger, et en enseignant la peinture aux débutants. Et voulez-vous savoir quelle est sa spécialité en tant que peintre ? La représentation parfaite de fleurs en format géant. Que pouvait-on trouver de mieux que les fleurs pour illustrer la beauté, valeur centrale chez les esthètes ?

### LES CORDES MAÎTRESSES
### DE ANNE

=

| Esthète |
|---|

(Essence dominante)

+

| Communicatrice<br>Manuelle<br>Financière |
|---|

(Essences complémentaires)

+

| Peinture<br>Jardinage/Fleurs<br>Décoration intérieure<br>Coiffure/Maquillage<br>Couture |
|---|

(Passions présentes et passées)

## Le cas de Franck

Possédant la double citoyenneté française et sud-africaine, Franck venait tout juste d'immigrer au Canada lorsqu'il a entamé un travail en ma compagnie. Cette nouvelle vie représentait un grand saut dans le vide pour lui, puisqu'en arrivant au Québec, il devait tout recommencer à zéro. Ses économies lui permettaient de tenir le coup pendant quelques mois, et plutôt que de céder à l'insécurité, il a accepté de se donner le temps de bien identifier ses cordes maîtresses, question de s'assurer qu'il allait désormais s'orienter vers un travail nourrissant pour son âme.

Formé en génie informatique, Franck avait touché à toutes sortes de choses par le passé. Pendant un certain temps, il avait goûté au métier d'ambulancier et avait travaillé sur des yachts en Afrique du Sud. Il avait aussi travaillé à divers projets de construction, avant de se retrouver à l'emploi d'une entreprise française spécialisée dans l'éclairage public, où il a pu développer une solide expertise. Arrivé au Canada, Franck a pris le temps de sonder son essence et ses passions. Il est alors devenu évident qu'il détenait un grand potentiel créatif, doublé d'une forte capacité d'analyse. Sentant que le terme « manuel » ne lui convenait pas parfaitement, nous avons fini par conclure que celui de « concepteur », par contre, était tout à fait indiqué, si nous voulions mettre un mot très précis sur son essence dominante. (Je vous le rappelle : les dix-huit essences types ne sont que des points de repère. À vous d'adopter des termes plus précis, si vous en ressentez le besoin.)

« C'est vrai que je perds carrément la notion du temps », soutenait Franck, « lorsque je conçois par exemple une œuvre d'art tridimensionnelle, un concept d'éclairage, un meuble ou les plans d'une terrasse, mais ne me demandez pas de répéter le même exercice plus d'une fois. Alors là, je deviens malheureux comme les pierres. Il ne faut surtout pas que la routine s'installe. Je réalise jusqu'à quel point je dois toujours rester créatif. » Cet appel très clair du côté d'un renouvellement constant de sa créativité, ses grandes aptitudes logiques, son goût marqué pour les voyages, l'autonomie et la liberté faisaient non seulement de lui un concepteur, mais également un aventurier et un analytique. Son sens des affaires et son admiration pour ceux qui ont réussi à devenir riches grâce à leur ingéniosité nous ont de plus fait conclure que Franck appartenait aussi à la famille des financiers. En troquant donc le mot manuel pour celui de concepteur, voici ce que ses cordes maîtresses sont officiellement devenues :

### LES CORDES MAÎTRESSES
### DE FRANCK

=

| Concepteur |
|---|

(Essence dominante)

+

| Analytique<br>Aventurier<br>Financier |
|---|

(Essences complémentaires)

+

| Éclairage<br>Design<br>Informatique<br>Voyages |
|---|

(Passions)

Ses recherches et les synchronicités aidant, Franck a rapidement décroché un emploi dans une firme montréalaise spécialisée dans l'éclairage public. Souhaitant rester fidèle à ses cordes maîtresses (et sachant qu'il risquait de « s'éteindre » s'il reniait son essence), il a choisi spécifiquement cette entreprise parce qu'elle était petite et qu'on lui offrait la possibilité de créer lui-même des concepts d'éclairage, tout en lui laissant une large part d'autonomie. De plus, le propriétaire de la compagnie touche maintenant à la fin de sa carrière et souhaite offrir à Franck de prendre la relève, s'il le désire, ce qui a tout le potentiel de nourrir son essence financière.

En parallèle, Franck a commencé à suivre des cours de design intérieur, en plus de participer à des séminaires sur la vente immobilière. Il espère bientôt pouvoir créer une petite entreprise qui achètera des condos ou des maisons. Une fois rénovées et redécorées, il pourra revendre ces propriétés bonifiées avec profit. Ce projet réunit à merveille ses essences de concepteur, analytique, aventurier et financier !

## Le cas de Monique

Bien évidemment, nous ne sommes pas tous obligés de larguer notre employeur ou bâtir notre propre entreprise afin de vibrer de toutes nos cordes. Le cas de Monique illustre bien les quelques ajustements qu'il est possible d'apporter à nos tâches, dans le cadre de notre travail actuel. En identifiant ses cordes maîtresses d'enseignante, de leader et de communicatrice, Monique a tout à coup compris pourquoi son nouvel emploi lui plaisait tant et pourquoi elle avait détesté le précédent. Désireuse de satisfaire sa fibre d'enseignante, elle a proposé à son patron, quelques jours après l'atelier OSEZ, de donner de la formation à des groupes de direction rattachés à son entreprise. « Je me suis sentie comme un poisson dans l'eau et énergisée », m'a-t-elle confié par la suite. « Les participants ont donné des commentaires positifs. Je suis contente de cette nouvelle tâche ajoutée à mon travail. »

## À VOUS DE JOUER !

À la lumière des différents indices recueillis dans les exercices du chapitre précédent et de ce que vous avez découvert avec la description des dix-huit essences types, inscrivez ci-contre votre essence dominante et les deux ou trois essences complémentaires auxquelles vous appartenez. N'ayez pas peur de transformer les termes génériques que j'ai choisis. Comme Franck, vous allez peut-être vous sentir plus à l'aise en utilisant une expression mieux adaptée à vos talents et votre manière d'être. Ajoutez les quelques termes décrivant vos passions principales, puis, si vous en ressentez le besoin, inscrivez les valeurs auxquelles vous tenez le plus afin de donner un sens à votre contribution dans le monde. Tadam ! Vous voici désormais en présence des cordes maîtresses de votre sitar personnel !

N'oubliez pas que ces ingrédients de base peuvent permettre une multitude de recettes. Ces critères vous permettront désormais de dire non à des emplois qui ne sont résolument pas pour vous et d'ajuster le tir si votre travail actuel correspond à votre essence, mais pas à vos passions ou vice versa. Vous découvrirez qu'il est également possible de faire vibrer certaines de vos cordes à l'intérieur d'un gagne-pain et certaines autres grâce à des activités de bénévolat, des études, votre métier de parent ou des loisirs spécifiques. Vos cordes maîtresses, c'est-à-dire tout ce qu'il y a de vivant et d'unique en vous, sont ce que vous avez de plus beau à offrir au monde. Par elles, vous libérerez votre pouvoir créateur et entrerez sur un chemin de réalisation où vous goûterez au bonheur d'enfin vous sentir à votre juste place.

## MES CORDES MAÎTRESSES

=

(Essence dominante)

+

(Essences complémentaires)

+

(Passions)

+

(Valeurs)

# 7ᵉ leçon

# Les cordes sympathiques

*« Ce doit être cela la maturité,*
*sentir ses chaînes tout à coup et les accepter*
*parce que fermer les yeux ne les abolit pas. »*

ANDRÉ LANGEVIN

Pourquoi notre vie peut-elle s'avérer encore remplie d'obstacles et de disharmonie, même si l'on arrive à mettre en valeur nos talents et nos passions ? On nous rapporte tous les jours les frasques des stars d'Hollywood ou de puissants hommes et femmes d'affaires dont le quotidien avait toutes les apparences du conte de fée jusqu'à ce que la vérité éclate au sujet de leurs excès ou leurs écarts de conduite. Pas besoin de lire les journaux ou les revues à potins pour constater les misères de ces innombrables personnes qui ont pourtant su mettre leur potentiel à profit. Nous connaissons tous en effet des gens qui réussissent bien du point de vue professionnel mais qui, franchement, sont très malheureux en privé et feraient de bien mauvais amis, en raison de leur piètre intelligence émotionnelle.

Les commentaires du moine bouddhiste Matthieu Ricard à ce propos m'ont frappée. En entrevue, il disait éprouver de l'admiration pour des savants ou des musiciens exceptionnels, mais il ajoutait que ce qu'il admire chez eux ne concerne que leurs « talents », ce qui n'a rien à voir avec la « qualité d'être » des sages qu'il a choisi de rejoindre il y a une trentaine d'années, en tournant le dos à sa carrière à l'Institut Louis-Pasteur de Paris pour se consacrer à la vie monastique au Népal. Cette qualité d'être, c'est ce que nous visons tous, plus ou moins consciemment. Puisqu'elle n'est pas présente chez tous les humains et qu'elle est généralement des plus discrètes chez ceux qui la possèdent, il faut d'abord apprendre à la reconnaître, trouver le courage d'emprunter ce chemin qui peut sembler à contre-courant de tout ce que nous voyons autour de nous, puis s'y entraîner, jour après jour. Côtoyer de vrais sages, agissant comme une source d'inspiration pour les « apprentis-sages » que nous sommes, peut alors s'avérer un atout majeur, nous dit Matthieu Ricard :

> « Vous avez devant vous un exemple de ce que peut être l'aboutissement de cet entraînement. C'est donc à la fois un rappel et une source d'inspiration. C'est un peu comme le pôle nord pour l'aiguille d'un compas. Même si vous avez tendance à dévier un peu, je dirais que cela vous ramène dans le droit chemin, dans la progression optimale pour arriver au bien-être authentique [20]. »

## AMPLITUDE DE L'ÊTRE

Qu'est-ce qui différencie ces êtres du commun des mortels ? Ha, la grande question ! Certains diront qu'il s'agit de profondeur. Personnellement, j'aime bien parler « d'amplitude de l'être ». Non seulement les individus ayant développé une qualité d'être sont-ils en paix avec la vie dans tout ce qu'elle a de plus terrestre, mais ils savent aussi être en relation directe avec le cœur et font preuve d'une sagesse que nous pourrions qualifier d'universelle. Autrement dit, ces belles âmes ont réussi à acquérir une amplitude intérieure en trouvant en elles-mêmes une posture idéale permettant le développement des trois facettes fondamentales de l'expérience humaine, c'est-à-dire les dimensions reliées à la réalité du corps, de la psyché et de l'esprit.

Nous pourrions d'abord examiner la question d'un point de vue anthropologique, en nous intéressant quelque peu au développement du cerveau humain depuis nos plus lointaines origines. Les recherches du médecin et neurobiologiste américain Paul Donald MacLean jettent un éclairage précieux sur ce champ d'exploration. Avec sa théorie du cerveau triunique[21], MacLean nous apprend que nous sommes constamment tiraillés entre les trois composantes de notre cerveau, lesquelles sont issues des trois phases successives de notre évolution :

– *Cerveau reptilien* (ou primitif) : Vieille de 400 millions d'années, cette partie de notre cerveau veille à la survie de l'organisme (respirer, boire, manger, dormir…) et assure la défense du territoire. Le cerveau reptilien est celui qui pousse l'humain à assouvir ses instincts sans considération pour l'autre (l'altruisme et le respect appartenant à nos fonctions cérébrales les plus évoluées). C'est notre cerveau reptilien qui nous pousse à aimer garder la même place et conserver nos habitudes. MacLean estimait que notre attrait pour le rituel et la hiérarchie, dans nos diverses sociétés, est fortement influencé par nos réflexes reptiliens.

– *Cerveau paléomammalien* (ou limbique) : Cette étape de l'évolution du cerveau humain correspond à l'apparition des premiers mammifères. Elle a donné naissance à l'affect, aux émotions comme le désir, la colère, le chagrin, la tendresse, etc. C'est ce cerveau qui détermine le « j'aime/je n'aime pas », ce qui est agréable et ce qui ne l'est pas. C'est aussi le siège de nos certitudes et de nos croyances.

– *Cerveau néomammalien* (ou néocortex) : Cette partie la plus évoluée du cerveau qui nous a donné l'intellect se serait elle-même développée en deux étapes. D'abord, le développement de notre esprit rationnel a permis la fabrication des idées, des concepts abstraits ; il nous a donné la raison. Or, puisque nous n'aurions sûrement pas survécu à un fonctionnement analytique froid et cruel, se sont ajoutés en deuxième lieu, le sens de la responsabilité et l'altruisme.

Dans un article publié dans la revue *Guide Ressources*, Jacques Languirand fait état des théories révolutionnaires de Paul D. MacLean. Mais pourquoi tout ne tourne-t-il par rond chez nous, s'interroge-t-il par la suite ? Il s'agirait d'une question d'intégration de ces trois cerveaux, laquelle ne peut s'obtenir que par un effort d'auto-connaissance et de présence à soi-même :

> « Tout serait donc pour le mieux dans le meilleur des mondes, si ce n'était que ces trois cerveaux hérités de l'évolution n'ont pas fait l'objet d'une intégration véritable. Ce qui revient à dire que la raison n'exerce pas sans effort sa domination sur les émotions et les instincts. Il arrive même fréquemment que les instincts et les émotions exercent, au contraire, une domination sur la raison. [...] Par l'observation et l'apaisement du mental, dont le fonctionnement hiératique m'apparaît désormais comme l'effet de cette absence d'intégration des trois cerveaux, l'(auto)analyse psychologique et la méditation, entre autres, tendent à corriger cette lacune responsable en grande partie du chaos, non seulement dans le monde, mais aussi à l'intérieur de chacun d'entre nous[22]. »

En d'autres mots, sans l'éclairage de la conscience, nous ne sommes encore que des pantins. Le bonheur ne demeure alors pour nous qu'un état aléatoire. Nous ne sommes toujours pas libres et dépendons de l'extérieur pour nous sentir comblés. Nous reviendrons plus tard sur cet éclairage nouveau que peuvent nous apporter la conscience et la présence à soi-même (ce qui nous ramènera à la notion de cerveau dans le cœur, dont il a été question à la 4e leçon), mais d'abord, commençons par mieux comprendre nos besoins de base et la teneur des différentes dimensions de l'être.

# RARES SONT LES ADULTES SUR CETTE TERRE

Continuons notre brève exploration des différences qui existent entre ceux que nous pourrions qualifier de sages et la cohorte des individus tiraillés entre leurs instincts, leurs émotions et leur raison. Ceux qui préfèrent observer nos comportements sous l'angle psychologique (plutôt qu'anthropologique, comme nous venons de le faire) diront qu'il convient d'effectuer un certain travail de maturation, sinon nous continuons d'agir comme à l'époque où nous avions moins de trois ans. Inconsciemment, nous attendons que tout nous soit donné tout cuit dans le bec, un peu par miracle. Cela se reflète dans toutes les sphères de notre vie. Dans *Femme désirée et désirante*[23], la gynécologue et acupunctrice Danièle Flaumenbaum explique par exemple que dans les relations amoureuses, nous recherchons tous notre mère, et ce, que nous soyons homme ou femme ! Initialement, nous tendons à reproduire ce lien fusionnel où nous dépendions complètement de celle qui prenait soin de nous :

> « Les conceptions de la psychanalyse qui se répandent dans le social depuis un certain nombre d'années mettent surtout l'accent sur le fait qu'une femme va rechercher dans sa vie amoureuse un homme qui ressemble au père qu'elle a aimé ou à celui qu'elle aurait voulu aimer. C'est tout à fait vrai, mais cela concerne la période de vie de la petite fille à partir de ses trois ans. »

Autrement dit, un bébé qui s'en remet corps et âme à l'autre pour sa survie et son besoin d'amour, c'est magnifique ; mais un homme ou une femme de 50 ans qui ne sait pas encore reconnaître ses propres besoins, y répondre ou les exprimer clairement, admettons que c'est un peu moins charmant ! Le Dr Flaumenbaum ajoute :

« Dans la vie à deux, les amants recréent un espace commun qui rejoue le duo grâce auquel ils se sont construits. Si alors la relation sexuelle n'est pas reconnue comme un voyage qui conduit au-delà de l'étreinte vécue avec leur mère, hommes et femmes demeurent dans la tendresse, [...] ils s'enferment dans la symbiose et ne sont plus dans la construction dynamique de leur statut d'adulte. »

Bien sûr, ces explications sont spécifiquement axées sur les rapports amoureux, mais elles dressent en fait le portrait de qui nous sommes dans l'ensemble de nos relations. Une partie de nous aura toujours trois ans et moins. Si nous n'apprenons pas à développer une autonomie certaine quant aux besoins du beau grand bébé en nous, nous en deviendrons les prisonniers. À nous d'y répondre avec sagesse et de grandir en maturité affective. La clef? Simplement être conscient de ce qui se joue en nous et nous assurer d'abord que notre vie nous nourrit en répondant suffisamment à nos besoins fondamentaux.

Tant que nous sommes le jouet des tiraillements de nos différents cerveaux ou tant que nous avons moins de trois ans dans nos attentes face à la vie, on ne peut pas vraiment prétendre à la maturité. Soyons honnêtes : il y a peu d'adultes sur cette Terre. Pour la plupart d'entre nous, il faut une bonne dose de courage et de renoncement pour enfin commencer à mettre un peu d'ordre dans notre vie et prendre la décision d'être heureux, ici maintenant, quelles que soient les circonstances extérieures. Lorsque nous commençons à vouloir mieux comprendre notre fonctionnement et que nous acceptons d'être bienveillant par rapport à nos besoins, nous faisons un premier pas vers l'autonomie. Nous arrêtons alors de blâmer les autres ou le destin; nous cessons d'attendre un miracle pour que nos aspirations soient comblées. C'est comme si nous nous disions : « Voilà. J'accepte de regarder véritablement en moi-même. J'accepte de devenir un être à part entière, à l'écoute de mes besoins et à l'écoute de ceux des autres. Un être à l'écoute, point à la ligne. » Cette décision marque un tournant décisif dans une vie.

## NOS BESOINS FONDAMENTAUX
## EN QUELQUES MOTS

Alors, quels sont-ils, ces besoins ? Avec sa célèbre pyramide (voir schéma de la page suivante), Abraham Maslow nous a amenés à considérer l'être humain comme un tout, possédant des besoins physiologiques, psychologiques, sociaux et spirituels (ces derniers besoins étant liés à la notion d'accomplissement personnel). Au nombre de cinq, les différentes composantes de la pyramide sont d'une telle évidence qu'on s'étonne de les voir si mal en point dans notre société. Combien d'humains sur cette planète sont-ils encore contraints de se battre quotidiennement pour combler leurs besoins physiologiques (boire, manger, dormir, se réchauffer) et de sécurité (sécurité d'un abri, des revenus et des ressources, sécurité physique contre la violence, sécurité morale et psychologique, sécurité et stabilité familiale, sécurité médicale/sociale).

Les sociétés modernes ont peut-être fini par passer le cap de la satisfaction des besoins physiologiques de base. En apparence, elles ont peut-être également réussi à s'assurer un minimum de sécurité, du point de vue de la deuxième strate de la pyramide de Maslow. Mais lorsque nous examinons les trois derniers paliers, tout le monde sera d'avis que bien des souffrances sont encore manifestes de nos jours, quant à ces divers aspects.

Le modèle de Maslow fournit une vue d'ensemble, mais il s'agit d'une description statique d'un phénomène sans cesse en mouvement. Un jour, nous pouvons très bien avoir le sentiment de nous réaliser, tout en nous demandant comment nous allons pouvoir payer le loyer et l'épicerie à la fin du mois... Un autre jour, nous pouvons être riches comme Crésus, mais nous sentir misérables du point de vue relationnel et spirituel... Les modèles – comme la pyramide de Maslow, le cerveau triunique ou les neuf cordes sympathiques que je m'apprête à vous présenter – seront toujours partiels, vu la grande complexité de l'amalgame humain. Il serait plus judicieux de les envisager comme des points de repère plutôt que comme des vérités statiques, afin que vous puissiez simplement mieux entrer à l'écoute de qui vous êtes véritablement et potentiellement.

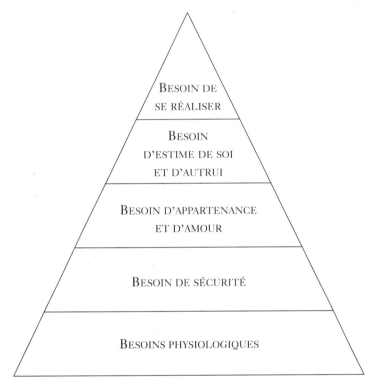

Pyramide des besoins de Maslow

## LES NEUF CORDES SYMPATHIQUES

À leur façon, les traditions orientales ont identifié des besoins similaires à ceux de Maslow. Elles reconnaissaient aussi les diverses facettes de la psychologie humaine, telles qu'illustrées par la théorie du cerveau triunique de Paul D. MacLean. Le modèle des chakras, issu de la tradition indienne, pousse l'idée un peu plus loin en considérant les besoins humains en tant que réalités énergétiques. Autrement dit, leur approche ne se limite pas au fait d'*avoir* des besoins; les Orientaux considèrent plutôt la question du point de vue de l'*être*, en envisageant l'humain selon toute une «gamme d'expressions», des plus terrestres aux plus spirituelles.

En me basant sur ces différents modèles, tant occidentaux qu'orientaux, j'ai retenu neuf niveaux d'expression observables chez l'être humain de notre ère. Il s'agit en fait de « tonalités » que nous avons tous besoin de faire vibrer dans notre vie, mais qui nécessitent de notre part certains efforts d'entretien, d'ajustement et d'intégration. Si nous reprenons l'image du sitar, j'associe ces neuf dimensions de la vie humaine aux cordes sympathiques qui, comme nous l'avons déjà vu, entrent en résonance avec les cordes mélodiques. Au départ, il s'agit de bien nourrir chacun de ces aspects de notre être puisqu'ils représentent un besoin. Il convient ensuite de raffiner et libérer ces énergies, en les ajustant de façon de plus en plus précise. Autrement dit, plus nous entretenons bien notre instrument et que nous raffinons notre écoute, plus nous sommes aptes à faire en sorte que nos cordes vibrent à leur juste mesure, et plus nous pouvons sentir que nous vibrons profondément en harmonie avec nous-mêmes et le monde.

Explorons chacune de ces cordes en commençant par la base. Vous constaterez que les neuf cordes sont regroupées en trois grandes catégories, soit les Cordes du Corps, de la Psyché et de l'Esprit. Ces trois types de cordes pourraient être associées aux cerveaux reptilien, paléomammalien et néomammalien. Elles suggèrent donc une notion d'intégration nécessaire afin de se sentir complet, mais chacune d'elles nous invite aussi à un raffinement de plus en plus grand.

Bien sûr, vous pouvez entreprendre ce processus d'exploration de façon intellectuelle, en restant bien au chaud dans votre zone de confort. Or, vous le savez, la meilleure façon d'intégrer de nouvelles notions consiste à les éprouver par la pratique. C'est la raison pour laquelle je vous propose de faire retentir les cordes sympathiques en vous, par le biais d'un questionnaire. Ainsi, vous pourrez commencer à détecter vos cordes les plus sensibles, c'est-à-dire celles qui vous font obstacle plus ou moins consciemment. Vous constaterez également où se situent vos forces, lesquelles sont souvent très complémentaires à vos cordes maîtresses, identifiées au chapitre précédent.

## Suggestion

Si vous voulez bénéficier davantage de cet exercice, je vous suggère de vous munir d'un cahier et de coucher sur papier, en plus des réponses directes aux questions proposées ci-après, toutes les impressions, les sensations physiques, les souvenirs et les situations actuelles qui s'éveillent en vous en remplissant le questionnaire. Cet exercice pourrait très bien s'étaler sur quelques semaines. Prenez tout le temps qu'il faut pour vous explorer. Notez vos rêves à votre réveil. Ils compléteront ce que vous ne parvenez pas nécessairement à concevoir consciemment. Souvenez-vous que les rêves nous parlent en « métaphores » et qu'ils sont des alliés précieux. Lorsqu'ils nous dérangent, nous avons trop souvent tendance à les rejeter. Nous avons l'impression qu'ils agissent comme une sorte de force extérieure jouant malicieusement contre nous, alors qu'en fait, notre univers onirique pointe amoureusement en direction d'un aspect de nous-mêmes que nous négligeons. Les rêves figurent parmi les plus grands messagers de la vie, nous invitant à entrer en amitié avec nous-mêmes[24].

Ne vous surprenez pas si le travail qui suit vous affecte quelque peu. Dépendamment du degré de profondeur avec lequel vous allez plonger dans ce questionnement, il est possible que vous ayez certaines révélations sur vos comportements ou au sujet de certaines personnes de votre entourage. Que cet exercice soit facile ou non à réaliser, il mérite d'être déballé lentement mais sûrement. Votre compréhension du phénomène n'aura de cesse de s'approfondir. Et, de grâce, ne succombez surtout pas à la tentation de vous juger ! Vous ne serez jamais parfait. Vous avez le droit d'être tout ce que vous êtes, ici, maintenant, avec vos « qualités » et vos « défauts ». Cette exploration a simplement pour but de vous permettre d'obtenir un portrait plus clair des différentes dimensions de l'être, afin de voir si certains *patterns* ne jouent pas contre vous, causant de la souffrance et vous empêchant peut-être à votre insu de vibrer autant que vous le désireriez. En fournissant de surcroît une image globale des diverses dimensions de l'être, j'espère que ces cordes sympathiques vous permettront d'être encore plus présent à tous les aspects de votre existence afin d'en savourer le potentiel infini.

## LES NEUF CORDES SYMPATHIQUES

| | | |
|---|---|---|
| **ESPRIT** | **Corde de la Grâce**<br>*« Je communie. »* | – Relation à la Présence<br>– Allégresse / Louanges<br>– Bonheur qui ne dépend pas seulement de l'extérieur<br>– Quête de sens<br>– Engagement face aux autres |
| | **Corde de la Vision**<br>*« Je vois clair. »* | – Vision claire / Lucidité<br>– Concentration<br>– Capacité d'abstraction<br>– Intellect<br>– Songes / 6e sens |
| | **Corde de l'Expression**<br>*« J'écoute et j'exprime. »* | – Relation à la parole<br>– Relation à la créativité<br>– Réflexion vs mental<br>– Imagination |
| **PSYCHÉ** | **Corde des Sentiments**<br>*« Je me sens aimé et j'aime. »* | – Point de jonction entre horizontalité et verticalité (cf. : 13e leçon)<br>– Intelligence du coeur<br>– Compassion<br>– Point de jonction entre les émotions et les valeurs<br>– Besoin de partage / réciprocité |
| | **Corde des Émotions**<br>*« Je laisse couler. »* | – Relation aux émotions<br>– Ni se blinder, ni s'emporter<br>– Émotions = sentiments à l'état brut |
| | **Corde des Désirs**<br>*« Je me choisis. »* | – Relation aux désirs<br>– Ce que je veux / ce que je ne veux pas<br>– Être fidèle à soi-même |
| **CORPS** | **Corde du Feu sacré**<br>*« Je me passionne. »* | – Relation au pouvoir<br>– Force de volonté<br>– Autorité<br>– Courage<br>– Joie de vivre |
| | **Corde des Nourritures**<br>*« J'ai faim de vivre. »* | – Relation au corps<br>– Relation à la nourriture<br>– Appétit sexuel<br>– Relation au plaisir<br>– Sécurité matérielle / affective |
| | **Corde des Racines**<br>*« J'occupe ma place. »* | – Vitalité / Pulsion de mort<br>– Instinct de reproduction<br>– Territoire / Limites<br>– Défense de l'intégrité<br>– Relation à mes ancêtres |

## I) LES TROIS CORDES DU CORPS

## 1. La Corde des Racines

Cette corde correspond à votre instinct de survie, aux réflexes de l'animal en vous, ainsi qu'à votre héritage psycho-généalogique. Pour entrer dans la vibration de cette corde, posez-vous les questions suivantes :

❖ *Face à un danger ou une confrontation relationnelle, quel est mon premier réflexe ? Ai-je tendance à me sauver, attaquer ou figer ?*

❖ *Si je me compare aux gens qui m'entourent, à combien pourrais-je situer mon niveau de vitalité en général, sur une échelle de 1 à 10 ?*

❖ *Ai-je peur de mourir ? Comment mon niveau de peur ou de « non-peur » de la mort m'affecte-t-il ?*

❖ *Suis-je capable de marquer mon territoire et poser mes limites ? Est-ce que je me sens menacé lorsque les autres s'approchent trop de ma bulle ? Ai-je de la difficulté à dire non ou est-ce que je le dis peut-être trop souvent ?*

❖ *Suis-je téméraire ou prudent ? Est-ce que mon extrême témérité ou mon extrême prudence me joue parfois des tours ?*

❖ *Suis-je un loup solitaire ? Un chef de meute ? Un loup très sociable ? Ai-je absolument besoin de faire partie du clan, au point de me nier ou de renoncer à certaines valeurs ?*

❖ *Suis-je en paix avec mes origines, c'est-à-dire avec ma famille,*
*l'histoire de ma lignée et l'histoire du peuple dont je suis issu? Mes*
*origines affectent-elles ma vie plus ou moins inconsciemment?*

ÉVALUATION :

En relisant mes réponses, comment puis-je évaluer la tension de ma Corde des Racines, en ce moment? Est-elle trop
tendue ou pas assez? Encerclez le chiffre qui correspond le
mieux à votre niveau de tension sur l'échelle suivante :

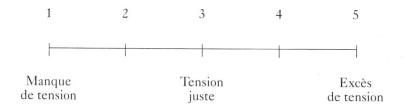

| 1 | 2 | 3 | 4 | 5 |

Manque          Tension          Excès
de tension       juste         de tension

*Quelles sont les questions relatives à cette corde me donnant le plus*
*de fil à retordre? Quels sont donc les aspects de cette dimension de mon*
*être qu'il serait le plus urgent d'accorder, selon moi?*

## 2.  La Corde des Nourritures

Cette corde correspond à tout ce qui vous nourrit, au propre
comme au figuré. Elle est en lien avec les besoins primaires,
la relation au plaisir, la sécurité matérielle et affective.

❖  *Quel est mon lien avec mon corps ? Est-ce que j'en prends bien soin
ou est-ce que je suis dur avec lui ? (Exercice, sommeil, alimentation, apparence, etc.)*

❖  *Pour moi, le sexe c'est :*

❖  *Où se situe mon besoin de séduction ?*

❖  *Où se situe mon besoin de sécurité affective ? Suis-je capable d'être
seul, ne serait-ce que pour une journée ou un week-end dans la
nature, par exemple ? Ou dois-je toujours avoir quelqu'un de
proche dans ma vie, coûte que coûte ?*

❖  *Quelle est ma relation au plaisir ? Ai-je du mal à m'abandonner
au plaisir ? Est-ce que je m'autorise à m'offrir ce qu'il y a de mieux
pour moi ?*

❖  *Est-ce que je sais m'amuser, dans la vie ? Est-ce que je prends le
temps de rire, de jouer, d'avoir des loisirs ? À l'inverse, est-ce que
je me perds dans l'excitation, les sensations fortes ou une certaine
forme de fuite dans la futilité ?*

❖  *Quelle valeur est-ce que j'accorde au repos et à la détente ? Suis-
je en conflit avec cette idée ? Est-ce que je me sens coupable si je
m'arrête ?*

❖  *Ai-je besoin d'amasser beaucoup d'objets et/ou d'argent pour me
sentir bien ? Suis-je trop généreux, trop prévenant ou trop dépensier ?*

ÉVALUATION :

En relisant mes réponses, comment puis-je évaluer la tension de ma Corde des Nourritures, en ce moment? Est-elle trop tendue ou pas assez? Encerclez le chiffre qui correspond le mieux à votre niveau de tension sur l'échelle suivante :

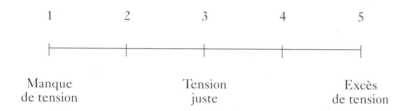

| 1 | 2 | 3 | 4 | 5 |

| Manque de tension | Tension juste | Excès de tension |

*Quelles sont les questions relatives à cette corde me donnant le plus de fil à retordre? Quels sont donc les aspects de cette dimension de mon être qu'il serait le plus urgent d'accorder, selon moi?*

## 3.  La Corde du Feu sacré

Le Feu sacré, c'est votre force de volonté, votre capacité à ressentir la joie ou à exprimer votre colère. C'est la détermination, attisée par la joie, qui va vous remettre sur votre chemin sacré, malgré les obstacles.

❖ *Où est-ce que je me situe par rapport à l'autorité et l'affirmation personnelle?*

❖ *Quelle est ma relation avec les lois (civiles et religieuses), le devoir et tout autre code de conduite?*

❖ *Où est-ce que je me situe par rapport à la colère ?*

❖ *Pour moi, le pouvoir c'est :*

❖ *Ai-je le courage d'atteindre les objectifs que je me fixe ?*

❖ *Y a-t-il de la joie dans ma vie ? Si oui, à quelles occasions ? Ai-je tendance à être déprimé ou à chercher l'excitation ?*

## ÉVALUATION :

En relisant mes réponses, comment puis-je évaluer la tension de ma Corde du Feu sacré, en ce moment ? Est-elle trop tendue ou pas assez ? Encerclez le chiffre qui correspond le mieux à votre niveau de tension sur l'échelle suivante :

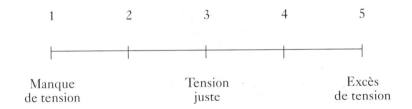

|  1 | 2 | 3 | 4 | 5 |

Manque       Tension       Excès
de tension     juste     de tension

*Quelles sont les questions relatives à cette corde me donnant le plus de fil à retordre ? Quels sont donc les aspects de cette dimension de mon être qu'il serait le plus urgent d'accorder, selon moi ?*

## II) LES TROIS CORDES DE LA PSYCHÉ

## 4. La Corde des Désirs

Il est ici question de vos désirs, mais aussi de l'engagement face à vos aspirations profondes. Je sais ce que je veux, au fond de moi, et je suis fidèle à moi-même. Je sais reconnaître mes désirs et aspirations saines.

❖ *Où est-ce que j'en suis, par rapport à mes désirs ? Suis-je mené ou emporté par eux ? Est-ce que je m'accorde le droit de les combler ?*

❖ *Est-ce que je respecte l'élan de mes aspirations profondes ?*

❖ *Ai-je la patience d'attendre ce qu'il y a de mieux pour combler mes désirs/aspirations ? Ai-je peur (ou est-ce que je doute) de ne jamais pouvoir les réaliser ?*

❖ *Ai-je de la difficulté à faire des choix ?*

❖ *Puis-je compter sur moi-même ? Est-ce que j'accepte le soutien des autres ?*

ÉVALUATION :

En relisant mes réponses, comment puis-je évaluer la tension de ma Corde des Désirs, en ce moment ? Est-elle trop tendue ou pas assez ? Encerclez le chiffre qui correspond le mieux à votre niveau de tension sur l'échelle suivante :

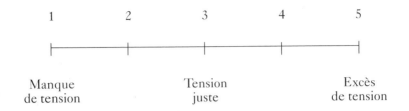

*Quelles sont les questions relatives à cette corde me donnant le plus de fil à retordre ? Quels sont donc les aspects de cette dimension de mon être qu'il serait le plus urgent d'accorder, selon moi ?*

## 5.  La Corde des Émotions

Les Cordes des Émotions et des Sentiments peuvent facilement être confondues. On pourrait dire que les émotions sont des sentiments à l'état brut, sans l'éclairage de l'intelligence du cœur. Explorons d'abord la Corde des Émotions :

❖  *Ai-je peur de mes émotions ? Ai-je de la difficulté à les ressentir et/ou les identifier ?*

❖  *Ai-je tendance à me retenir ou plutôt à me laisser envahir rapidement par tout ce qui surgit d'émotions en moi ?*

❖  *Comment est-ce que je compose avec mes émotions, quand je suis seul et/ou avec une autre personne ? Suis-je capable de les laisser jaillir facilement ? Est-ce qu'elles me submergent ? Est-ce que j'explose ?*

ÉVALUATION :

En relisant mes réponses, comment puis-je évaluer la tension de ma Corde des Émotions, en ce moment ? Est-elle trop tendue ou pas assez ? Encerclez le chiffre qui correspond le mieux à votre niveau de tension sur l'échelle suivante :

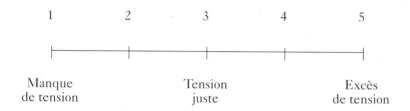

Quelles sont les questions relatives à cette corde me donnant le plus de fil à retordre ? Quels sont donc les aspects de cette dimension de mon être qu'il serait le plus urgent d'accorder, selon moi ?

## 6.  La Corde des Sentiments

La Corde des Sentiments est plus raffinée. Elle est reliée au cœur, à la compassion, à la relation à la vie et aux autres. Elle est le point de jonction entre les émotions et les valeurs.

❖  Est-ce que j'aime aimer ? Est-ce que je verse parfois dans le sentimentalisme ? Ai-je peur d'aimer ?

❖  Est-ce que je me sens aimé par la Vie/Dieu/les Autres, en général ?

❖ *Suis-je à l'aise dans les relations humaines ?*

❖ *Comment se portent mes besoins de partage, de complicité et de réciprocité ?*

❖ *Suis-je ouvert aux idées/sentiments/émotions des autres ou ai-je tendance à me refermer ?*

❖ *Où se situe mon niveau de compassion à l'égard de tous les êtres sensibles (êtres humains et êtres du règne animal) ?*

ÉVALUATION :

En relisant mes réponses, comment puis-je évaluer la tension de ma Corde des Sentiments, en ce moment ? Est-elle trop tendue ou pas assez ? Encerclez le chiffre qui correspond le mieux à votre niveau de tension sur l'échelle suivante :

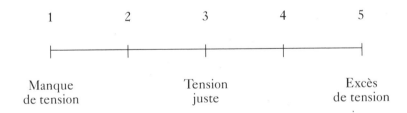

| 1 | 2 | 3 | 4 | 5 |

Manque de tension      Tension juste      Excès de tension

*Quelles sont les questions relatives à cette corde me donnant le plus de fil à retordre ? Quels sont donc les aspects de cette dimension de mon être qu'il serait le plus urgent d'accorder, selon moi ?*

## III) LES TROIS CORDES DE L'ESPRIT

## 7. La Corde de l'Expression

La Corde de l'Expression représente votre relation à la parole et à la créativité. Elle parle aussi de notre capacité d'écoute. Elle nous invite également à examiner notre relation aux pensées.

❖ *Où se situe ma parole ? Ai-je souvent peur de parler ? Ai-je trop besoin de le faire ?*

❖ *Où se situent mes pensées ? Suis-je du genre à beaucoup ruminer ? Mes pensées s'affolent-elles souvent ? Suis-je capable de faire la distinction entre la réflexion et les emportements de mon mental ?*

❖ *Quel rôle jouent les non-dits dans ma vie ? Les non-dits sont-ils en train de m'étouffer ?*

❖ *Suis-je réellement capable d'écouter, c'est-à-dire entendre ce que l'autre a à dire, même si cela me fait peur ou ne correspond pas à ce que je voudrais entendre ?*

❖ *Autrement dit : Ai-je tendance à parler pour « sauver ou persécuter » l'autre, évitant ainsi d'entendre et d'accueillir ce qu'il me dit ou fait ?*

❖ *Suis-je à l'écoute de moi-même, de ce qui se passe dans mon corps, mon cœur et mon esprit ?*

❖ *Où se situe ma créativité ? Ai-je l'occasion de laisser s'exprimer mes talents à leur juste valeur ou est-ce que je me sens muselé ?*

❖ *Comment se porte mon imagination ? Est-ce que je me laisse facilement emporter par elle ? Est-elle à mon service ou complètement négligée ?*

❖ *Suis-je capable de bien distinguer la voix de mon intuition à travers le fouillis de mes pensées ?*

## ÉVALUATION :

En relisant mes réponses, comment puis-je évaluer la tension de ma Corde de l'Expression, en ce moment ? Est-elle trop tendue ou pas assez ? Encerclez le chiffre qui correspond le mieux à votre niveau de tension sur l'échelle suivante :

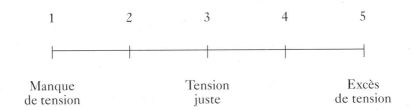

| 1 | 2 | 3 | 4 | 5 |
|---|---|---|---|---|
| Manque de tension | | Tension juste | | Excès de tension |

*Quelles sont les questions relatives à cette corde me donnant le plus de fil à retordre ? Quels sont donc les aspects de cette dimension de mon être qu'il serait le plus urgent d'accorder, selon moi ?*

# 8. La Corde de la Vision

La Corde de la Vision correspond à notre intellect et à notre force de concentration. Grâce à elle, nous pouvons raisonner, évaluer les conséquences de nos actes, voir clair en nous-mêmes et donner un cap à notre vie. C'est elle qui nous confère le sens des responsabilités et le sens de l'engagement. Très développée, la Corde de la Vision peut également déboucher sur des expériences issues de notre « sixième sens », notre capacité à « voir ce qui est invisible » ou carrément à des perceptions extrasensorielles.

❖ *Où est-ce que j'en suis quant à ma capacité à mesurer les conséquences de mes actes ?*

❖ *Les autres peuvent-ils compter sur moi ? Est-ce que mon sens des responsabilités joue parfois contre moi ?*

❖ *Quelle est ma relation à la notion d'engagement ?*

❖ *Est-ce que je vois clair dans les situations ou les êtres qui croisent ma route ?*

❖ *Ai-je de la facilité à concentrer ma pensée et mes énergies ?*

❖ *Ai-je de la facilité à rêver ma vie ou entrevoir une existence de plus en plus belle pour moi-même et ceux qui m'entourent ?*

❖ *Même si nul ne peut dire où il va, est-ce que je sais « par où » je m'en vais ? Autrement dit : ai-je donné un cap à mon existence ?*

❖ *Suis-je facilement en contact avec l'univers des rêves (de nuit) ?*

❖ *M'arrive-t-il de percevoir certaines choses au-delà de mes cinq sens ?*

## ÉVALUATION :

En relisant mes réponses, comment puis-je évaluer la tension de ma Corde de la Vision, en ce moment ? Est-elle trop tendue ou pas assez ? Encerclez le chiffre qui correspond le mieux à votre niveau de tension sur l'échelle suivante :

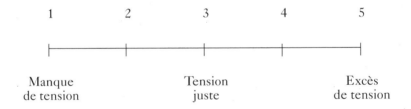

| 1 | 2 | 3 | 4 | 5 |

Manque de tension    Tension juste    Excès de tension

*Quelles sont les questions relatives à cette corde me donnant le plus de fil à retordre ? Quels sont donc les aspects de cette dimension de mon être qu'il serait le plus urgent d'accorder, selon moi ?*

## 9.  La Corde de la Grâce

La Corde de la Grâce est en lien avec la Présence. Présence à soi-même, aux autres, à l'existence, au Souffle. Lorsqu'elle commence à vibrer, le besoin de donner un sens à notre existence se fait plus pressant. Elle est en lien avec les valeurs que l'on se donne et qu'on essaie d'inclure dans notre quotidien. Plus elle vibre, plus nous sommes comblés par le simple fait d'être en vie ; plus elle vibre, plus notre bonheur est indépendant des circonstances extérieures.

❖   *Où en suis-je, par rapport à ma quête de sens ? Est-ce important pour moi ?*

❖   *Suis-je en cohérence avec mes valeurs, dans les divers aspects de ma vie ?*

❖   *M'arrive-t-il de sentir que je communie avec la nature ?*

❖   *Quelle est ma relation au non-attachement ?*

❖   *Suis-je capable de me sentir parfaitement comblé par le simple fait d'être en vie, indépendamment des circonstances extérieures ?*

❖   *Mes prières se résument-elles le plus souvent à un vaste sentiment de gratitude, ne laissant place qu'à un chant de louanges et d'allégresse ?*

ÉVALUATION :

En relisant mes réponses, comment puis-je évaluer la tension de ma Corde de la Grâce, en ce moment ? Est-elle trop

tendue ou pas assez? Encerclez le chiffre qui correspond le
mieux à votre niveau de tension sur l'échelle suivante :

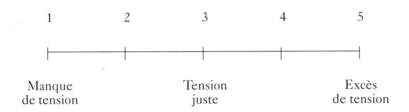

*Quelles sont les questions relatives à cette corde me donnant le plus
de fil à retordre ? Quels sont donc les aspects de cette dimension de mon
être qu'il serait le plus urgent d'accorder, selon moi ?*

## ÉVALUATION FINALE

Dressons maintenant un portrait d'ensemble de vos neuf
cordes. Reportez ci-contre les résultats obtenus à l'évaluation
du niveau de tension de chacune de vos neuf cordes, en marquant d'un X la case correspondante.

| | Corde des Racines | Corde des Nourritures | Corde du Feu sacré | Corde des Désirs | Corde des Émotions | Corde des Sentiments | Corde de l'Expression | Corde de la Vision | Corde de la Grâce |
|---|---|---|---|---|---|---|---|---|---|
| 1 Manque de tension | | | | | | | | | |
| 2 | | | | | | | | | |
| 3 Tension juste | | | | | | | | | |
| 4 | | | | | | | | | |
| 5 Excès de tension | | | | | | | | | |

## RÉSULTATS :

Les Cordes auxquelles vous avez attribué les notes 1 ou 5 sont celles qui réclament le plus votre attention, en ce moment. Celles pour lesquelles vous avez donné les notes 2 ou 4 nécessitent que vous restiez vigilant. Enfin, si vous vous êtes donné un 3, c'est que vous maîtrisez probablement assez bien cette corde. Elle est un atout sur votre chemin de vie.

Par où commencer, si vous avez plusieurs ajustements à apporter (ce qui est plus que normal, ne vous en faites pas)? Réponse : Là où les circonstances de votre vie actuelle vous poussent à le faire tout naturellement. Reconnaissons que ces ajustements peuvent demander toute une vie (et même plus!), mais il est primordial de comprendre que sans une bonne base, c'est-à-dire, sans une bonne assise au niveau des trois Cordes du Corps, vous ne pourrez pas aspirer à une vie remplie au niveau des Cordes de la Psyché. Puis, sans une bonne assise au niveau du Corps et de la Psyché, nul ne peut prétendre à une vie spirituelle complète, authentique, empreinte de compassion et ancrée dans le réel.

Si vous constatez de graves manques ou distorsions avec l'une ou l'autre de ces cordes, il va sans dire que cela peut représenter un travail considérable. Parfois, on dirait que nos cordes sont toutes emmêlées, voire même nouées. La guérison de chacun de ces aspects réfère à différents types de thérapies : psychogénéalogie, nutrition, relations interpersonnelles, accompagnement spirituel, etc. Les choix sont vastes. Souvenez-vous que si vous ressentez une charge émotive importante face à l'un ou l'autre de ces aspects de votre être, il vaut mieux vous faire aider par un spécialiste en la matière avant de vous lancer tête première dans la réalisation de vos plus grands rêves. Autre règle d'or : vous rappeler que vous serez *toujours* le « médecin en chef », pour reprendre une expression chère à mon amie Christine Angelard, thérapeute en médecine globale. C'est vous qui allez mener vos divers mouvements de transformation en tirant parti de l'expérience des autres et en choisissant les approches qui vous conviennent le mieux.

# 8ᵉ leçon

# La juste tension des cordes

*« Soyez en harmonie. Si vous êtes déréglés,*
*inspirez-vous des représentations de votre vraie nature. »*

Évangile de MARIE

Pourquoi est-il important de bien ajuster vos cordes sympathiques ? Si vous avez pris le temps de bien réfléchir à chacune des questions posées au chapitre précédent, vous avez probablement réalisé que sans un minimum de tension juste, vous risquez d'avoir bien des bâtons dans les roues et ces bâtons, ce sera nul autre que vous-même qui vous les serez mis !

Voyez-vous également tout le jeu des relations humaines, caché derrière ces diverses dimensions de l'être humain ? Prenons l'exemple de quelqu'un qui aurait noté un manque de tension important pour sa Corde des Nourritures, en particulier par rapport au droit au plaisir et au repos. Une personne ne s'accordant pas le droit au repos et au plaisir doutera facilement d'elle-même sur ce point. Non seulement sera-t-elle rongée de culpabilité lorsque son corps et son âme lui réclameront un peu de répit ou de soins, mais, comme par hasard, elle sera portée à laisser les petits dictateurs continuer de lui faire voir combien elle n'est qu'une « paresseuse » et une « lâche ». Lorsqu'elle croisera des « paresseux » sur son chemin, cela aura tendance à l'agacer, voire même à la mettre hors d'elle-même. D'une façon ou d'une autre, une certaine souffrance sera cachée derrière cette exaspération ou cette dictature tournée contre sa propre personne.

Dans son infinie intelligence, la vie continuera de mettre sur notre route toutes sortes de situations représentant autant d'opportunités de bien accorder notre sitar. Si vous êtes assez béni pour fréquenter un maître de sagesse (que ce soit un sage reconnu ou une personne de votre entourage que vous avez toujours aimée et admirée en raison de sa force tranquille), vous constaterez que par la présence stable et structurante de cette personne, il vous est plus facile d'ajuster tout à coup votre propre instrument. Les sages sont comme des diapasons ; par la seule vibration de leur sitar, nous pouvons tout à coup ressentir où se situent nos propres notes justes. Au chapitre suivant, nous allons poursuivre notre exploration de la juste tension. Je vous proposerai entre autres des exercices plus précis vous permettant de voir apparaître vos zones personnelles de tension excessive ou de manque de tension, puis un peu plus loin, je reviendrai sur la question des mentors et des sages, mais d'abord, considérons les tenants et les aboutissants de la tension juste.

## LE BOUDDHA ET LA VOIE DU JUSTE MILIEU

Le récit que les bouddhistes se transmettent depuis des millénaires sur la vie de leur plus grand maître, Siddhartha Gautama, le « Bouddha historique », contient entre autres un passage évoquant le sitar. Les versions de l'histoire qui suit diffèrent dans leur forme, puisque les faits marquants de la vie du Bouddha ont été transmis par voie orale, au fil des siècles. Néanmoins, le sens du message demeure le même, peu importe la façon dont il est présenté. Voici donc la version que j'ai retenue :

« L'un des disciples de Bouddha ne parvenait pas à concentrer suffisamment son esprit sur l'instant présent. Lorsqu'il demanda à son maître de l'éclairer, voici ce qu'il répondit :

– Tu étais autrefois un habile joueur de cithare, n'est-ce pas ?

- Oui, Maître !
- Lorsque les cordes de ta cithare étaient trop tendues ou trop lâches, est-ce que les sons sortaient justes ?
- Non, Maître.
- Lorsqu'elles étaient bien accordées, ni trop tendues ni trop lâches, comment étaient les sons ?
- Ils étaient justes, Maître.
- Eh bien, c'est ainsi que doit être ton esprit, ni trop tendu, ni trop lâche, pour être concentré[25]. »

Ni trop lâche, ni trop tendu. La Voie du juste milieu… C'est cette courte histoire, en plus de mes cours de chant indien, qui firent germer dans mon esprit le concept de la « Leçon de sitar ». Je constatais alors qu'en toute circonstance, la vie nous pousse à trouver notre juste milieu. Pour certains, cet exercice de recentrage constant risque d'apparaître ennuyant. Le juste milieu peut sembler fade et tiède, pour celui qui aspire à vivre ses passions jusqu'au bout. Les plus fougueux se cassent les dents plus souvent qu'à leur tour. Les plus dépressifs se cassent les dents eux aussi, à leur manière, puis un beau jour, lorsqu'ils en ont assez : Alléluia ! Ils lâchent enfin prise sur leurs comportements autodestructeurs et entament un chemin de transformation qui sera telle une nouvelle naissance.

Si vous acceptez d'aller voir ce qui se trouve au juste milieu des choses, vous découvrirez que, loin d'être ennuyant, le centre de la cible constitue une sorte de passage secret menant aux états les plus sublimes. Lorsque les cordes supérieures de votre sitar sont bien accordées et que vous parvenez à produire la note juste, les cordes sympathiques vibrent à l'unisson. En revanche, sans la vibration pleine et entière des cordes sympathiques, vous arriverez peut-être à produire de très belles mélodies avec vos cordes maîtresses, mais vous risquez de rencontrer de nombreux obstacles incompréhensibles, ressentir une impression de manque ou de vide inexplicable, éprouver de la frustration ou de l'agressivité, manquer carrément d'énergie ou alors ressentir le besoin pressant de vous perdre le plus souvent possible dans les émotions fortes.

## BOULEVERSANTE TERRE SAINTE

Si l'histoire bouddhiste que je viens de vous raconter m'a fourni l'image principale de ce livre, c'est un voyage au Proche-Orient qui m'aura mise sur la piste d'une compréhension plus profonde de la notion de juste milieu. Quelques mois après ma première visite à Findhorn, en Écosse, je me suis retrouvée en Israël. Mue par mon besoin d'aventure et ma curiosité journalistique, ce voyage en Terre Sainte fut l'un des plus marquants de ma vie. Nul ne peut rester indifférent à ce tout petit pays, théâtre à la fois de conflits sanglants et de récits religieux qui continuent d'habiter l'imaginaire collectif de la moitié de la planète. Parce que j'avais besoin de travail et que j'étais très intéressée à en apprendre plus sur la vie en communauté sous toutes ses formes, je me suis retrouvée pendant un mois dans un kibboutz[26] du nom de Beit Keshet.

Les habitants de cette petite communauté de 300 habitants (dont plusieurs étaient nés en France), située au pied du Mont Thabor, en Galilée, me prirent rapidement sous leur aile. Avec beaucoup de générosité[27], ils me firent découvrir les environs, dont le sommet du Mont Thabor, Nazareth et le magnifique Lac de Tibériade. Ils répondirent avec empressement aux mille et une questions que suscitait en moi cette bouleversante Terre Sainte, terre de convoitise et de guerres interminables, terre de quête spirituelle intense depuis des temps immémoriaux.

Un jour, mes amis israéliens me mirent en contact avec Léa, un guide de voyage qui accompagnait un groupe de pèlerins allemands aux quatre coins du pays. Comme j'étais loin de rouler sur l'or, j'acceptai avec joie de monter gratuitement dans le car qui les conduisait jusqu'à Jérusalem. En chemin, nous avons marqué divers arrêts dans les villes mythiques de Jéricho, Massada et Bethléem. Nous fîmes également escale sur les rives de la Mer Morte, où je plongeai avec étonnement dans ces eaux d'un autre âge au cœur d'un paysage lunaire où l'on peut apercevoir, ça et là, quelques dromadaires solitaires et de vieux chars d'assaut rouillés, abandonnés depuis quelques décennies. Notre car nous conduisit ensuite quelques kilomètres plus loin, au cœur du kibboutz Almog : une surprenante oasis de verdure au beau milieu de ces terres arides où personne ne songerait à élire domicile.

Au centre du kibboutz Almog se trouvait un musée où étaient exposées les répliques de textes très anciens. Puisque mes nouveaux compagnons de voyage ne parlaient que l'allemand, une langue que je ne connaissais ni d'Ève ni d'Adam, je comprenais toujours un peu sur le tard où nous nous trouvions et ce que nous voyions. J'y allais par déduction, j'attrapais un dépliant touristique écrit dans une langue connue ou alors je posais à Léa quelques questions en anglais, dès qu'elle avait deux minutes à me consacrer. Sans que je puisse comprendre pourquoi à ce moment, mon entrée dans ce musée provoqua tout à coup une accélération de mes pulsations cardiaques. Mon cœur battait la chamade et, dans mon ventre, une sensation désormais familière m'avertissait que j'étais en train de vivre quelque chose d'important. Il n'y avait pas de doute : mon intuition cherchait par tous les moyens à se faire entendre. Grâce à quelques affichettes en anglais, je finis par saisir que je me trouvais à quelques pas des grottes de Qumran où, dans les années 1940, un Bédouin avait trouvé, dans de larges amphores, des rouleaux de parchemin contenant des textes bibliques pour la plupart méconnus du grand public. Ces quelque 800 textes, transcrits par les membres de la communauté spirituelle des Esséniens, à l'époque du Christ, avaient résisté au passage du temps. Aujourd'hui connus sous le nom de Rouleaux de la Mer Morte, ces précieux manuscrits représentent, de l'avis de plusieurs, la découverte archéologique la plus extraordinaire du XXe siècle. Ce n'est pas tout : toujours dans les années 1940, dans la région de Nag-Hammadi en Haute Égypte, des paysans firent la découverte de textes évangéliques apocryphes (i.e. secrets, cachés) qui servirent probablement de catéchisme aux tout premiers initiés de la chrétienté. Après toutes ces années enfouis dans les replis de la terre, ces écrits avaient tout à coup émergé, prêts à entrer dans la conscience de l'humanité. Ces fascinants enseignements recoupent plusieurs informations que nous possédions déjà, mais ils nous prodiguent aussi une foule de renseignements inédits. Mes connaissances relatives aux bibliothèques de Nag-Hammadi et de Qumran sont encore bien restreintes, mais leur existence m'interpelle fortement depuis ce jour de 1995 où j'ai foulé les rives de la Mer Morte. Graduellement, les pièces de mon puzzle intuitif ont commencé à prendre place, par le biais de mes lectures et surtout de certaines rencontres avec des passionnés des évangiles apocryphes.

Depuis que je suis toute petite, il me semble que si nous arrivons à extraire l'essence des paroles se situant au cœur de chaque religion, nous risquons logiquement de nous rapprocher de la Vérité. Ne trouvant rien qui me satisfasse à l'intérieur de l'Église catholique où j'étais née, je me suis d'abord ouverte aux grands courants de pensée orientaux, dont le bouddhisme tibétain. Puisque j'éprouvais, de surcroît, le besoin de voir de mes propres yeux la sagesse et la paix bien vivantes au cœur de l'humain, il est devenu impératif pour moi de pouvoir me retrouver en présence de certains grands sages de notre ère. C'est ainsi que j'ai eu la chance de rencontrer ou de m'entretenir avec des sommités tels Sa Sainteté le 14e Dalaï Lama, Matthieu Ricard et Sogyal Rimpoché (bouddhistes de la tradition tibétaine), Arnaud Desjardins (basé en France et inspiré par le Védanta indien), les Dadis des Brahma Kumaris (mouvement spirituel indien), Douglas Harding, Eckhart Tolle, Stephen Jourdain et Jean Bouchart d'Orval (Occidentaux reconnus comme éveillés[28], mais n'appartenant à aucune tradition religieuse) et celui dont je suis plus proche : David Ciussi (qui a connu l'éveil dans les années 90 et qui a créé par la suite les ateliers « Science, conscience et sagesse de la communication »). Plus récemment, j'ai également pu fréquenter Jean-Yves Leloup, prêtre orthodoxe originaire de France et grand spécialiste des évangiles apocryphes. Sa lecture de ce qu'a pu être la vie du Christ, notamment à travers les textes de Nag-Hammadi, ses vastes connaissances théologiques, psychologiques et philosophiques (Jean-Yves possède un doctorat dans chacune de ces matières) et, surtout, sa présence incroyablement inspirante furent pour moi un cadeau inestimable : celui de la réconciliation avec ma propre tradition. En accédant à la sagesse des précurseurs de la chrétienté, je renouais avec un savoir faisant partie de mes gènes. Cela combla un vide qui, j'en suis convaincue, nous habite tous à divers degrés, nous, Occidentaux qui venons d'un monde où la religion a dangereusement perdu de son sens primordial.

## « HAMARTIA » : LE JUSTE MILIEU EN GREC

Parmi les innombrables interprétations que nous pouvons tirer des évangiles apocryphes, je retiens entres autres l'importance de la connaissance de soi, un thème cher aux sages de toutes les époques. Tous s'entendent pour dire que ce qui cause tant de souffrances aux humains, c'est l'ignorance. Ignorance de qui nous sommes et des grandes lois de l'univers... Ignorance des peurs fondamentales qui nous emprisonnent et dont les diverses manifestations affectent l'humanité entière... Ignorance de la force d'amour et de la beauté véritables qui sommeillent au plus profond de nous...

Mes lectures au sujet des découvertes de Nag-Hammadi m'ont également fait découvrir un tout petit mot qui allait changer bien des choses dans ma compréhension des êtres humains. Ce mot, c'est *hamartia* qui signifie « péché » en grec. Si l'on se penche sur l'étymologie de *hamartia*, on obtient la définition suivante : faire erreur ou manquer la cible, viser à côté. Les mots voyagent à travers le temps et il est souvent renversant de découvrir leur sens premier. Saviez-vous, par exemple, que le mot religion tire ses racines du latin *religare*, qui signifie « se relier » ? Dans son ouvrage extrêmement étoffé intitulé « Jésus parlait araméen », le philosophe et proche disciple d'Arnaud Desjardins, Éric Edelmann, écrit :

> « Il suffit parfois d'un seul mot, jouant en quelque sorte le rôle d'une "plaque tournante", pour que la déformation soit démesurément amplifiée. C'est en particulier le cas du mot "péché", chargé de diverses significations. Le mot araméen *khtahayn*, rendu par

"péché", signifie exactement "erreur" au sens du mot familier "ratage". Autrement dit, si le point précis est raté, on passe à côté du but, de la vérité. [...] Le péché, en tant qu'erreur, inscrit donc la démarche spirituelle dans une perspective qui n'est pas à proprement parler d'ordre moral : il s'agit de se libérer du mensonge qui nous maintient dans l'esclavage. Dans la *Vulgate*, saint Jérôme utilise le terme *liberare* près de deux cent fois[29]. »

Que la notion de péché fasse ou non écho à votre éducation ou à la religion à laquelle vous appartenez, il n'en demeure pas moins que nous sommes tous concernés. Il est clair que l'humain a tendance à se piéger lui-même en commettant diverses erreurs de réglage. Pour nous faire comprendre notre propre erreur d'alignement quant à la notion de péché elle-même, Jean-Yves Leloup cite Paul de Tarse (saint Paul) : « Tout est pur pour celui qui est pur, c'est vous qui faites exister le péché. » Puis il précise : « [Le péché] est une désorientation du désir, une façon de viser à côté, de manquer le but[30]. » On ne parle donc plus de faute – et conséquemment, non plus de culpabilité, ni de jugement – mais bien de mauvais tir et de dérèglement. Bref, s'il est question de cible, peut-être s'agit-il simplement d'apprendre à en trouver le juste milieu ?

Nous ne savons pas si bien dire lorsque nous employons l'expression « être hors de soi ». Quand nous nous laissons emporter par nos réactions, nous perdons notre centre, nous ne sommes plus nous-mêmes. Dans les pages qui suivent, je vous inviterai à une exploration de vos « cordes sensibles », c'est-à-dire vos *patterns* les plus récurrents vous projetant vers les extrémités de votre cible. Nous verrons ensuite ce qui peut être fait pour retrouver l'espace de liberté se situant dans le juste milieu.

# 9ᵉ leçon

# Vos cordes sensibles

*« Il est en tout un juste milieu. »*

HORACE

D ans cette même logique du juste milieu de la cible, je me suis rendu compte que l'on pouvait s'amuser à identifier ce que j'appelle nos « cordes sensibles ». Pour poursuivre dans l'analogie de votre sitar, ces cordes peuvent s'ajouter à vos cordes mélodiques (i.e. vos essences et passions), car de sensibles qu'elles sont, elles recèlent pour vous un énorme potentiel et peuvent donc s'avérer un atout dans votre façon toute personnelle de jouer de la vie.

Voici grosso modo à quoi peuvent ressembler quelques cordes sensibles dans leur plus simple expression. Pour chaque individu, ces sensibilités peuvent s'exprimer avec quelques variations, mais cela vous donnera tout de même une idée de la façon dont les manques et excès de tension (que nous appellerons ici tout simplement des distorsions) se renvoient l'un à l'autre, en passant par une note plus juste. Il s'agit au départ d'un tableau simplifié vous permettant de saisir le portrait général.

## QUELQUES EXEMPLES D'ALIGNEMENTS
## BIEN CENTRÉS ET LEURS EXTRÊMES

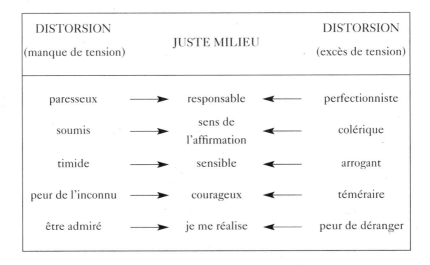

Les conférences et ateliers « OSEZ être vous-même et faire ce que vous aimez » sont des laboratoires où se révèlent en toute simplicité les nombreuses facettes de nos erreurs de réglage. Avant de vous laisser découvrir par vous-même les problèmes d'ajustement les plus courants chez vous, examinons quelques exemples issus des témoignages de certains participants.

### *L'exemple de Geneviève*

Geneviève est une jeune femme passionnée, dotée d'une force peu commune, mais qui le réalise encore mal. Lorsqu'on lui demande de remonter dans ses souvenirs, elle affirme avoir dérangé son entourage immédiat, en raison de ses colères nombreuses. « Comme tu as mauvais caractère ! » lui chantaient ses parents sur tous les tons. Geneviève se rappelle très clairement avoir fini par conclure que si elle voulait être aimée, il fallait absolument réprimer ses colères et s'appliquer, coûte que coûte, à devenir une bonne fille. « De la fillette *pas gentille* que j'étais, résume-t-elle, je suis devenue hyper gentille… ce qui m'a valu toute une série de nouveaux problèmes ! »

Ces modifications à notre conduite sont communes à la vaste majorité d'entre nous. Rappelez-vous la Poupée rustre ! Nous avons tous conclu, un jour ou l'autre, que si nous voulions être aimé ou respecté, il fallait mettre fin à certains comportements et les remplacer par de nouvelles stratégies nous apparaissant plus « payantes ». Certains messages nous ont parfois tellement été répétés qu'ils se sont retrouvés imprimés au plus profond de nos cellules, d'où notre son discordant spécifique. Notre instrument s'est désaccordé et notre oreille s'est lentement habituée à ce nouveau son, même s'il était faux. Nous avons donc commencé à vivre dans une certaine distorsion de nous-mêmes, sans nous en rendre compte. Le fait de jouer plus ou moins faux peut être extrêmement inconfortable, mais cette habitude devient si ancrée que pour plusieurs, il n'est plus question de faire marche arrière.

Or, au milieu de cet axe horizontal, se cachent notre beauté et notre puissance véritables. La corde est ni trop lâche, ni trop tendue, et le joueur de sitar sait comment s'en servir. Dans le cas de Geneviève, ce que les adultes remarquaient chez elle, mais qu'ils n'arrivaient pas à bien cerner pour toutes sortes de raisons, c'étaient bien plus sa force, sa fougue, son feu ! Peut-être la petite Geneviève était-elle parfois dans des excès, peut-être que non. Peut-être ses parents étaient-ils eux-mêmes en distorsion, ce qui brouillait leur regard. Peu importe, puisque de toute façon, tout se joue dans le présent. C'est dans l'ici maintenant que tout peut se transformer et pas ailleurs.

## Corde sensible de Geneviève

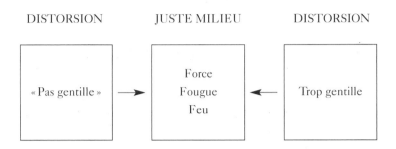

La colère est un dispositif sain. Elle fait partie des manifestations naturelles de notre Corde des Émotions. Pensez aux colères pures des jeunes enfants. Elles disparaissent aussi subitement qu'elles ont surgi et ne sont jamais destructrices. Une fois l'émotion évacuée, l'enfant oublie ce qui vient de se produire et recommence à jouer comme si de rien n'était, sans culpabilité ni amertume. Si nous parvenons à établir nos limites dans le respect de nous-mêmes et de l'autre ; si nous exprimons franchement un désaccord ou un malaise au moment où il survient, sans tentative de manipulation, cela s'appelle le *sens de l'affirmation*. Plusieurs le possèdent de façon naturelle ; d'autres auront plutôt tendance à tout garder sous pression, puis un beau jour, la bombe explose ! Éviter l'accumulation de ce type de charges suppose définitivement un apprentissage. À vous de retrouver le juste milieu de votre feu, non pas parce que cela serait plus vertueux, mais plutôt parce qu'une colère bien vécue ne vous rongera pas de l'intérieur et qu'elle ne détruira pas autrui.

Revenons à l'exemple de Geneviève. En plus de prendre conscience de ses premières cordes maîtresses, Geneviève a découvert qu'il lui serait fort utile de libérer son sens de l'affirmation, plutôt que de s'enfermer dans les non-dits jusqu'à la prochaine explosion. Dans son cas, le jeu de balancier entre ces deux extrêmes avait été son lot pendant de très longues années. Le sens de l'affirmation était bien dissimulé en son centre ; tout le reste n'était qu'une erreur de réglage. Quelque chose lui disait que sa note de musique était discordante, mais son oreille avait tellement pris l'habitude du son mal ajusté que Geneviève devenait confuse, chaque fois qu'elle devait s'affirmer.

### Autres aspects du juste milieu pour Geneviève

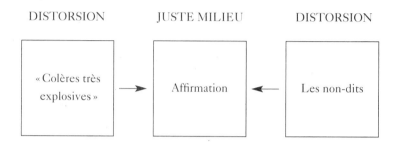

| DISTORSION | JUSTE MILIEU | DISTORSION |
|:---:|:---:|:---:|
| «Colères très explosives» → | Affirmation ← | Les non-dits |

## *L'exemple de Daniel*

Daniel s'est souvent fait traiter de tête de mule, lorsqu'il s'objectait à une demande ou quand il résistait à une situation qui ne faisait pas son affaire. À force de se voir rabrouer dès qu'il tentait d'affirmer son caractère, il en a conclu qu'il valait mieux adopter un profil bas. Daniel est devenu un adulte réservé en apparence, mais il avoue s'entêter facilement lorsqu'il se sent pris au dépourvu. Daniel a ressenti un grand soulagement en découvrant qu'il avait parfaitement le droit d'exprimer son leadership et qu'il pouvait même être très utile, grâce à cet attribut qui constitue même l'une de ses cordes maîtresses. Conscient qu'il lui faudrait rester très vigilant et patient envers lui-même pour devenir de plus en plus apte à toucher le centre de sa cible, il était heureux désormais d'entreprendre le désamorçage de ses peurs relatives à l'autorité extérieure et à sa propre prise d'autorité. En gardant bien en tête que tout cela n'est qu'un *jeu*, Daniel doit maintenant apprendre à bien s'accorder devant chaque situation, puis à faire vibrer sa corde de leader (qui, soit dit en passant, entre en forte résonance avec la Corde sympathique des Racines) dans toute sa force et sa beauté.

## Corde sensible de Daniel

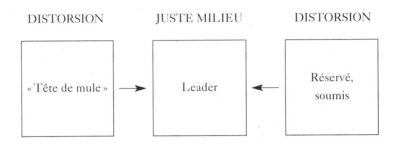

DISTORSION          JUSTE MILIEU          DISTORSION

« Tête de mule »  →  Leader  ←  Réservé, soumis

### *L'exemple de Mireille*

Mireille est l'aînée d'une famille de six enfants. D'aussi loin qu'elle se souvienne, il lui semble toujours avoir dû prendre soin de ses frères et sœurs. Son père devait travailler dur pour nourrir les siens, tandis que sa mère était un modèle d'efficacité et d'abnégation. À son tour mère de famille, Mireille se sent obligée de tout gérer dans la maison, sinon un sentiment d'immense insécurité s'empare d'elle. Elle a l'impression que les choses ne seront pas bien faites si elle délègue. En revanche, elle est constamment épuisée et comprend mal pourquoi on ne l'apprécie pas autant qu'elle le souhaiterait pour son dévouement. Mireille voit mal jusqu'à quel point elle est une organisatrice hors pair, puisqu'elle s'impose encore des standards d'efficacité trop élevés. Elle a néanmoins commencé à mettre son essence d'organisatrice au service des autres, grâce à sa participation bénévole à un programme d'aide aux personnes âgées de sa communauté. Cela a énormément contribué à restaurer son estime d'elle-même, tout en allégeant les relations avec les membres de sa famille. Mireille est sur la bonne voie dans l'expression créatrice de l'une de ses plus belles cordes, celle de l'Organisation.

## Corde sensible de Mireille

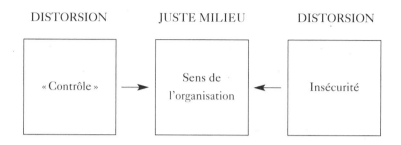

Commencez-vous maintenant à comprendre le phénomène qui se cache derrière l'expression « avoir les qualités de ses défauts » ? Souvent, nous aimons une personne pour un trait de caractère qui, en certaines occasions, finit par nous irriter royalement. Peut-être surprenez-vous cette personne en flagrant délit de distorsion ou alors, peut-être êtes-vous pris vous-même en flagrant délit de « réaction » par rapport à une qualité que vous vous interdisez ? Dans ce dernier cas, vous touchez à ce que j'appelle « l'effet Presto » et la « polarité cachée ». Voyons comment cela fonctionne…

## L'EFFET PRESTO

Les Presto sont des casseroles à pression bien connues au Québec. Avez-vous le sentiment qu'en réalité, des tas de casseroles à pression ambulantes circulent librement sur cette planète ? Nous connaissons tous ce fâcheux phénomène qui, malheureusement, peut donner lieu aux pires atrocités. Chez certains individus, la pression est devenue si intense que l'on se retrouve devant des cas de violence extrême, face auxquels les simples exercices de recentrage ici proposés seraient loin d'être suffisants, exigeant d'abord et avant tout un important travail de guérison des blessures du passé. Toutefois, je suis convaincue que la majorité d'entre nous est en mesure de ressentir son centre ou d'en avoir l'intuition, ce qui est suffisant pour désamorcer les petites bombes à retardement qui sommeillent en nous.

Bref, j'ai pu observer en atelier que nous ne visitons pas toujours l'une des deux extrémités de notre corde sensible, ce qui donne presque invariablement lieu à ce que j'appelle « l'effet Presto ». Nous sommes conscients de certains traits de notre personnalité pouvant parfois devenir excessifs ; nous arrivons à nommer les qualités pouvant constituer le juste milieu de la corde, mais à l'autre bout, c'est le néant. Allons donc vérifier si nous ne serions pas en train de juger ce qui se trouve à l'opposé, au point d'avoir réprimé ses attributs. Juste au cas où...

## L'exemple d'Éric

Le cas d'Éric illustre bien l'effet Presto. Éric est un jeune homme fonceur, extrêmement dynamique. Lors d'une de mes conférences-ateliers, il s'est présenté comme un athlète de haut niveau en cyclisme qui avait récemment découvert l'univers passionnant de l'investissement boursier, dans lequel il espérait désormais faire carrière. Éric appartenait manifestement aux familles essentielles des Aventuriers et des Dynamiques.

Lorsque je l'interrogeai sur les commentaires qui revenaient le plus souvent durant son enfance, il se rappelait simplement que ses parents devaient lui répéter des dizaines de fois qu'il était temps de rentrer pour faire ses devoirs ou pour manger, alors qu'il préférait de loin continuer à jouer au casse-cou pendant des heures avec ses amis. Nous avons donc inscrit les mots « Casse-cou et infatigable » dans la colonne de gauche de sa corde sensible. Au milieu de l'axe, nous nous sommes entendus sur ses qualités d'aventurier dynamique et de fonceur intrépide. Éric semblait satisfait de ces traits dominants et il avait raison de l'être ! Mais lorsque nous avons tenté de vérifier s'il avait exploré l'autre extrémité de son axe, c'était le vide. «Je ne vois vraiment pas», assurait-il. Voici comment la conversation s'est enchaînée :

– Quel est selon toi le contraire d'un «casse-cou infatigable»?

– Pour moi, ce serait un mou, quelqu'un qui a peur de passer à l'action. Oui, un peureux.

– Les personnes qui te semblent molles et peureuses ont-elles tendance à t'énerver? Provoquent-elles chez toi des réactions incontrôlables, en certaines occasions?

Éric acquiesça immédiatement en éclatant de rire. Notre grand aventurier commençait à voir apparaître son effet Presto. Il se valorisait tellement par l'action qu'il en était venu à juger ce qui ne correspondait pas à cette qualité, autant chez lui que chez les autres.

### Corde sensible d'Éric

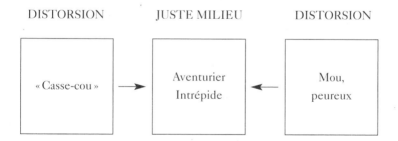

J'ai ensuite invité Éric à considérer le postulat suivant :

– Si nous allions chercher le juste milieu de ce nouvel extrême, c'est-à-dire le juste milieu de ce que tu identifies comme de la mollesse et de la peur, peut-être pourrions-nous utiliser les termes de «prudence, réflexion, écoute

intérieure ou repos », au lieu des mots *mou* et *peureux* ?
Et si ce type d'excès te renvoyait à une autre polarité de
ton être ?

J'ajoutai alors une nouvelle case dans la colonne du juste
milieu, comme ceci :

**Corde sensible d'Éric et sa polarité cachée**

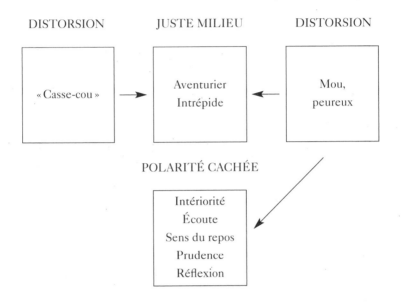

Puis, je poursuivis mes explications :

– Peut-être qu'en t'accordant de temps à autre le droit
au repos et qu'en apprivoisant l'écoute, l'intériorité, la
réflexion et la prudence, les personnes que tu consi-
dères comme molles et peureuses ne te feront plus
autant réagir. Crois-tu que cela pourrait t'éviter certains
problèmes, si tu t'appropriais toi-même ces qualités ?

À ces mots, l'amie d'Éric, qui prenait place à ses côtés, me lança immédiatement un regard complice. Pour devenir une personne complète, Éric avait peut-être intérêt à explorer ces qualités fondamentales que sont l'intériorité, l'écoute et le sens du repos. La perception d'Éric face à certaines situations allait peut-être se transformer. Sa compagne était probablement là pour les lui enseigner, d'ailleurs.

Si vous avez commencé à consigner vos rêves, peut-être avez-vous remarqué les nombreux conflits féminin/masculin qui s'y jouent? Notre univers onirique est peuplé de métaphores illustrant les batailles – parfois épiques! – que se livrent nos côtés féminin et masculin ou «Yin et Yang», diront les taoïstes. Peu importe les personnages ou les formes qu'emprunte notre psyché pour les symboliser, il s'agit en fait d'une quête profonde de complétude quant à ces deux aspects dynamiques, lesquels constituent les fondements mêmes de la création.

En créant mon modèle du juste milieu, je me suis vite rendu compte que chaque extrémité renvoyait aux polarités Yin et Yang et que le fait de libérer leur juste milieu dans notre vie permettait de désamorcer l'effet Presto. À notre naissance, nous possédons certaines qualités, certaines forces indéniables. Par contre, d'autres types de qualité sont à cultiver. Nous ne les possédons pas automatiquement et nous devons faire un certain effort pour les intégrer. Plutôt que de nous attaquer de front au mécanisme qui fait monter la vapeur, je suggère d'explorer et d'infuser ces nouvelles qualités de façon à ce qu'elles viennent naturellement contrecarrer l'effet Presto à la façon d'un catalyseur. Voici un autre cas illustrant mon propos.

## L'exemple de Lucie

Lucie est une femme très attachante qui a suivi l'atelier «OSEZ…» avec beaucoup d'enthousiasme. En fait, l'enthousiasme et une certaine exubérance sont ce qui la rend si attachante. Avec ses essences d'Altruiste, Sensible, Moine et

Aventurière, ses passions pour les enfants, la nature et la spiritualité, de superbes projets n'attendent qu'à prendre forme sous sa baguette magique.

En faisant l'exercice des cordes sensibles, Lucie a réalisé qu'elle pouvait mettre son enthousiasme et son « grand appétit pour la vie » au service de ses projets. Elle a également eu une révélation en découvrant qu'un certain flegme (polarité cachée) lui serait des plus salutaires. Lorsqu'elle était enfant, elle se rappelait s'être souvent fait dire qu'elle était trop émotive. À la question « Quel serait pour toi tout le contraire d'une personne émotive ? », elle a répondu : « Les personnes froides. J'ai beaucoup de difficultés avec ce type de personnes. »

### Corde sensible de Lucie et sa polarité cachée

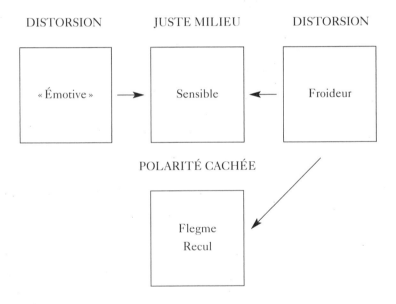

Lorsque le groupe lui a suggéré qu'un peu de recul et de flegme pourraient peut-être lui rendre de grands services, elle a déclaré : « C'est curieux, car j'ai souvent fait remarquer à mon mari qu'il était trop flegmatique, selon moi… » Lorsqu'on dit que les contraires s'attirent, peut-être est-ce parce que nous cherchons inconsciemment une certaine forme d'équilibre en nous entourant de personnalités complémentaires ? Le mari de Lucie peut certainement lui servir de diapason pour retrouver le flegme à l'intérieur d'elle-même et vice versa pour elle, qui peut lui enseigner à entrer davantage en contact avec sa sensibilité.

À partir du moment où Lucie a vu apparaître le juste milieu de son émotivité, c'est un grand poids qui est tombé de ses épaules. « Jusqu'à ce que je fasse cet exercice », m'a-t-elle confié, « je trouvais très difficile d'être aussi émotive. Tout à coup, j'ai découvert les bons côtés de mon essence. Ces derniers temps, j'ai réussi à prendre du recul et à m'observer dans telle ou telle circonstance. Je suis même parfois capable de rire de certaines situations qui m'auraient autrefois mise dans tous mes états ! »

Enfin, notez bien que parfois, nous sommes devenus tout le contraire de ce qu'on nous attribuait comme trait de caractère dominant lorsque nous étions petits. Nous avons si bien enregistré le message que nous avons fini par occulter la qualité précise qui se cachait derrière cet attribut, ou alors, nous en avons eu tellement marre de certaines injonctions, que nous avons décidé de ne plus jamais agir de la sorte, une fois adulte. La polarité cachée se déclinera alors à partir de la colonne de gauche. Pour mieux comprendre, référez-vous aux quatre premiers cas illustrés dans l'annexe, à la page 221.


## AJUSTEZ VOS PROPRES CORDES SENSIBLES

À vous de jouer ! Complétez maintenant le court questionnaire ci-dessous, puis procédez selon les étapes proposées afin d'obtenir le portrait complet de l'ajustement de vos cordes sensibles.

## EXERCICE

### Décelez vos cordes sensibles

❖ *Quelles sont les remarques (positives ou négatives) qu'on vous adressait le plus souvent quand vous étiez enfant ? Dans quel contexte cela se passait-il ? Soyez spontané. Notez ce qui vous revient instantanément en mémoire. Si vous avez du mal à vous en rappeler, notez simplement quel type d'enfant vous étiez.*

❖ *Quels sont les compliments ou les éloges que l'on vous fait le plus souvent de nos jours ?*

❖ *Quelle est la valeur la plus importante dans votre vie ?*

### Ajustement des cordes en six étapes

Pour mieux saisir le déroulement des six étapes suivantes, vous pouvez vous aider des divers exemples fournis en annexe. Ces ajustements de cordes sensibles proviennent de cas réels explorés en atelier. Retenez toutefois qu'il importe de trouver les mots précis ayant une résonance particulière pour vous. Reste que les exemples fournis à la toute fin de ce livre vous permettront d'y voir plus clair.

1. Réinscrivez dans la colonne de gauche (voir tableaux suivants) le ou les mots se rattachant à la première des trois questions posées ci-dessus. Pour plus de simplicité, nous allons oublier les notions de manque et excès de tension et ne nous en tenir qu'au mot « distorsion », plus général.

2. Pour plus de facilité, passez ensuite à la colonne de droite. Demandez-vous ce que pourrait être tout le contraire de ou des attributs que vous venez d'inscrire dans la colonne de gauche. (Ex. : Si les remarques qui revenaient le plus souvent à votre sujet étaient « rêveur » et « tu as toujours la tête dans les nuages », demandez-vous ce qui, pour vous, serait complètement à l'opposé du fait d'être rêveur et d'avoir toujours la tête dans les nuages.)

3. Tentez d'identifier le juste milieu des attributs que vous avez inscrits dans la colonne de gauche. Inscrivez ces mots dans la colonne du centre.

4. Identifiez maintenant ce que serait le juste milieu du ou des attributs que vous avez tendance à occulter et inscrivez-les en dessous, dans la colonne de la polarité cachée.

5. Répétez le même exercice avec les réponses que vous avez notées aux deux autres questions.

6. ATTENTION ! Dans certains cas, en particulier lorsque les remarques qu'on vous fait sont positives ou lorsqu'il s'agit d'inscrire votre valeur à l'intérieur du tableau, elles peuvent être déjà très centrées telles quelles. Commencez alors en inscrivant cette qualité au centre du tableau, puis tentez tout de même de voir quels en seraient les deux extrêmes et sa ou ses polarités cachées. (Voir le 7e cas dans les exemples fournis en annexe.)

Vous voilà maintenant en présence de qualités potentiellement très puissantes chez vous et de leur polarité inverse qui vous invite à un meilleur équilibre. Laissez chacune des qualités de votre juste milieu agir et s'infuser en vous avec le temps. (Voir « Infusion des qualités du juste milieu » en page 157.)

## Ma première corde sensible
(Remarques durant mon enfance)

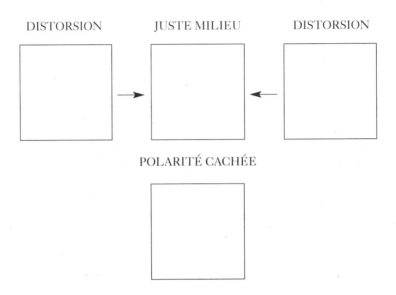

## Ma deuxième corde sensible
(Compliments et éloges)

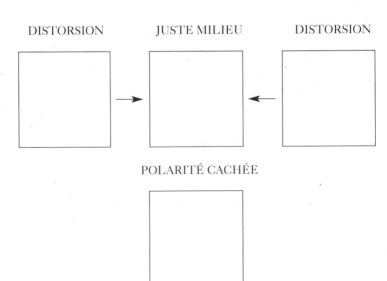

## Ma troisième corde sensible
(La valeur qui compte le plus pour moi)

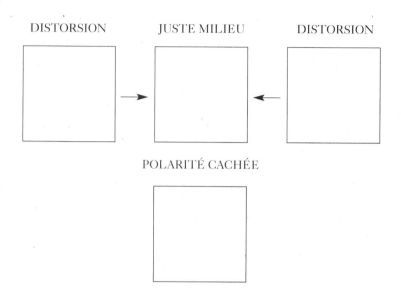

## INFUSION DES QUALITÉS DU JUSTE MILIEU

L'exercice de recentrage auquel vous venez de vous soumettre s'applique en fait à n'importe laquelle de vos cordes, que ce soient vos cordes sensibles, maîtresses (seulement vos essences; pas vos passions) ou sympathiques. Cependant, il n'est pas rare de constater que les qualités centrales ainsi révélées nous semblent complètement étrangères. Le passage de la distorsion au juste milieu et à sa polarité cachée représente souvent un véritable saut quantique dans notre existence. N'ayez pas peur de vous donner du temps et d'infuser ces qualités une par une s'il le faut. Pour ajuster un instrument à cordes, il faut tenter une première note, l'écouter, ajuster un peu la tension, puis tenter une nouvelle note et ainsi de suite jusqu'à ce que

le son soit harmonieux. Il en va de même pour nos qualités.
N'ayez pas peur de procéder par essais et erreurs dans telle ou
telle circonstance de votre vie, avant de retrouver la tension
juste. La différence entre vous et l'instrument de musique, c'est
qu'une fois la corde bien tendue, l'ajustement finira par trouver une certaine stabilité. La sensibilité sera toujours là à la base,
mais sa qualité sous-jacente sera si bien développée qu'elle sera
bien plus forte que vos anciennes réactions.

L'obstacle majeur qui nous empêche d'ajuster notre corde
aussi simplement qu'avec un instrument de musique tient en
un mot : le jugement. C'est parce que nous avons appris à juger
ces qualités que nous en sommes venus à relâcher ou tendre la
corde avec excès, ou alors, à l'enfouir carrément aux confins de
notre psyché. Ne négligez pas les exercices écrits de ce livre.
Voir apparaître sur papier les différents attributs de notre sitar,
bien centrés dans leur juste milieu, a un puissant effet déculpa-
bilisant et donc libérateur.

Une astuce intéressante pour intégrer une nouvelle qualité
consistera ensuite à répéter régulièrement en votre for intérieur
(et à voix haute, de temps en temps) les différents mantras suivants. À vous d'ajuster ces phrases afin de trouver la formule
magique qui agira parfaitement sur vos différentes cordes (en
particulier vos cordes sensibles). Lorsque la phrase passe difficilement dans votre gorge au début, c'est signe que vous avez
mis le doigt sur une formule gagnante :

*Je suis …(un des attributs de votre juste milieu)…
et c'est merveilleux !*

*Je prends le temps de …(un des attributs de votre juste milieu)…
et c'est merveilleux !*

*Je me …(un des attributs de votre juste milieu)…
et c'est merveilleux !*

Par exemple :

– Je suis un leader et c'est merveilleux !

– Je prends le temps de m'amuser et c'est merveilleux !

– Je m'affirme et c'est merveilleux !

– Je suis insouciant et c'est merveilleux !

– Je m'occupe de moi et c'est merveilleux !

– Je m'intériorise et c'est merveilleux !

– Je prends le temps d'être créatif et c'est merveilleux !

– Je suis affectueux et c'est merveilleux !

– Je suis original et c'est merveilleux !

– Je passe en premier dans ma vie et c'est merveilleux !

## LE PROCESSUS DE SYNTONISATION

Vous pouvez aussi procéder par ce que j'appelle le « processus de syntonisation ». Voici comment faire :

### EXERCICE

#### Syntonisation des qualités

1. Identifiez une personne – que ce soit quelqu'un de votre entourage ou une célébrité – possédant selon vous la qualité que vous désirez désormais faire vibrer. Par exemple, si vous souhaitez ajuster une corde sensible liée au sens de l'affirmation et que votre grand-père paternel a toujours été pour vous l'incarnation même de la force tranquille, syntonisez cette force présente chez votre grand-père.

❖ *La qualité que je souhaite désormais mieux faire vibrer :*

❖ *La personne qui m'inspire le plus cette qualité :*

2. Imaginez que vous possédez une sorte de récepteur radio dans votre ventre et que vous captez le signal de la qualité émise par cette personne. Syntonisez, puis laissez régulièrement infuser en vous. Il est toutefois très important de faire pénétrer la qualité dans tout votre corps et non seulement au niveau de votre tête. C'est la raison pour laquelle j'ai observé que les qualités entrent bien par le ventre, aussi étrange que cela puisse paraître.

3. Mieux : trouvez une photographie de la personne que vous avez identifiée et placez-la bien en vue chez vous ou au bureau. Chaque fois que vous la verrez, cette image agira pour vous comme un rappel de cette qualité qui est déjà en vous et qui ne demande qu'à reprendre ses droits.

Pensez aux héros que vous avez identifiés à la 5e leçon. Retournez voir les qualités que vous leur avez attribuées et comparez-les à vos cordes sensibles. Il n'est pas rare que ces éléments coïncident. Souvent, nous choisissons inconsciemment nos héros parce qu'ils symbolisent pour nous des qualités refoulées que nous n'osons pas encore mettre de l'avant ou faire rayonner autant que nous le souhaiterions.

## LA LIBERTÉ VÉRITABLE

Concentrez-vous désormais sur votre juste milieu. C'est dans cet espace vivant que se trouve votre être authentique.

Lorsqu'on demande à Arnaud Desjardins ce qu'est un maître de sagesse, il répond : « Le sage fait simplement ce qu'il y à être fait. Ce qui le différencie des autres humains, c'est qu'il n'est pas toujours en réaction face aux événements extérieurs, mais bien en action. » Nos distorsions (manques et excès de tension) ne sont que des réactions apprises qui collent à nous comme une vieille peau de chagrin. Ces emprisonnements créent en nous une désagréable impression de disharmonie. Au fond, nous cherchons tous la paix et le bien-être. L'erreur, c'est de les chercher à l'extérieur, alors que ce qui compte, c'est d'entrer de plus en plus en contact avec cette musique authentique qui sommeille au fond de nous.

Dans le style décapant qu'on lui connaît, Krishnamurti allait droit au but lorsqu'il voulait nous ramener à l'essentiel quant à l'image fallacieuse que nous aimons projeter :

> « La plupart d'entre nous ont un désir dévorant d'occuper une position sociale, craignant de n'être que des rien du tout. La société est faite de telle façon que l'homme qui occupe une belle situation est traité avec beaucoup de courtoisie, tandis que celui qui n'est rien socialement est malmené. […] Il nous faut toujours être sur une estrade. Intérieurement, nous sommes des remous douloureux et désordonnés. Être considérés par le monde, passer pour des personnages importants, nous procure une grande compensation. Ce désir d'avoir du prestige, d'être puissant et d'être reconnu comme tel par la société est en somme un désir de dominer, ce qui est une forme d'agression. »

Ces agressions inconscientes que nous imposons inconsciemment aux membres de notre entourage ou les guerres que se livrent deux peuples ennemis ne sont qu'une distorsion qui en rencontre une autre. Nos extrêmes personnels sont des bombes à retardement prêtes à exploser à tout moment et cherchant bien souvent des boucs émissaires. Lorsqu'on demande au Dalaï Lama comment faire pour que la paix puisse enfin régner dans le monde, il nous répond invariablement ceci : « La paix sur terre passera uniquement par le désarmement intérieur. »

Mais attention ! Sombrer dans l'humilité à outrance serait toutefois tomber dans le panneau inverse. Il est crucial de comprendre que les qualités du juste milieu ne sont pas figées. « Il n'y a pas d'action juste. Il n'y a que des actions qui s'ajustent », dit Jean-Yves Leloup. Il ne s'agit pas de s'imposer un idéal de vertu par un geste de la volonté. Si vous exigez de vous-même de devenir « quelqu'un de meilleur », en vous soumettant à un code de conduite quelconque ou à une discipline de fer, vous risquez de commettre une nouvelle erreur de réglage. Vous pécherez alors par excès de tension ! Le juste milieu est un courant dynamique qui s'adapte spontanément à chaque situation. Authenticité et spontanéité. Voilà les maîtres mots décrivant le mieux le vivant en nous-mêmes. Si nous sommes vrais, c'est-à-dire, si nous osons être en contact avec ce qui se passe réellement au fond de nous et que nous l'exprimons, nous sommes en plein dans le mille. Cela suppose de savoir se montrer vulnérable, si c'est ce qu'il y a à être fait, ou de s'affirmer, si c'est ce qu'il y a à être fait. Dès qu'on enfile un masque, on s'impose la mort, en quelque sorte. Il s'agit d'un jeu extrêmement subtil qui requiert une écoute des plus précises. Être vrai à 100 % – d'abord avec soi-même, puis avec les autres – s'avère une aventure passionnante où l'on n'a de cesse de découvrir les strates de plus en plus fines de notre personnalité, tout en jouissant d'une liberté intérieure de plus en plus grande.

## NOS LUNETTES DÉFORMANTES

Ce qu'il faut savoir, également, c'est que nos manques et excès de tension ont une influence directe sur nos yeux ! En effet, ces distorsions intérieures faussent notre regard. L'auteur dramatique allemand Friedrich Hebbel s'amusait de ce problème de vision en affirmant que « bien des hommes pourraient voir, s'ils enlevaient leurs lunettes » ! Pour leur part, les maîtres de sagesse de l'Orient comparent souvent ces mauvais ajustements de l'esprit à des voiles obstruant notre vision. « Retirez les voiles », répètent les sages. « Retirez les voiles et vous vivrez dans l'unité, en communion directe avec le Réel. »

Lorsque nous commençons à comprendre les mécanismes derrière nos propres voiles, les choses s'éclairent par rapport au regard que les autres peuvent porter sur nous. Par exemple, lorsque vos parents réagissaient à certains traits de votre essence, peut-être étiez-vous en train de faire un peu de distorsion, peut-être étiez-vous prédisposé à réagir à un certain type de remarques plus qu'à d'autres, mais peut-être percevaient-ils plutôt votre comportement à travers leurs propres voiles, lesquels provenaient probablement de leur propre conditionnement familial. Voyez comme vous pouvez dès maintenant mettre un terme à ce funeste héritage en apprenant à vous voir tel que vous êtes et à voir vos enfants tels qu'ils sont, en restant conscient du jeu du juste milieu et de ces distorsions possibles.

Quand vous vous surprendrez vous-même en train de réagir par rapport à vos extrêmes, la sagesse du cœur vous aidera à trouver de plus en plus rapidement votre juste milieu. À force de répéter ce geste de retour vers le centre de votre axe, l'écoute intérieure deviendra une seconde nature. Ces allers retours (entre vos moments hors de vous et en vous) vous feront des muscles. Éventuellement, vous serez de plus en plus conscient de ce qui se passe subtilement dans vos comportements réactionnels. Il sera donc de plus en plus facile de dire *stop* à vos pensées discordantes, et vous vous laisserez de moins en moins influencer par les réactions des autres.

Vous comprendrez que vos excès ou manques de tension sont nuisibles, puisqu'ils agissent à votre détriment. Vous réaliserez aussi que toutes les énergies sont neutres, en réalité, et que ce sont nos distorsions accompagnées de nos jugements sur ces énergies qui nous font souffrir. En fait, nous sommes tous affligés d'une seule et même grande maladie : « l'évaluationnite aiguë ». Le péché originel, c'est ça. C'est la tentation de céder à notre mental critique, peureux, saboteur qui nous met si souvent « hors de nous ».

## DIFFICULTÉS TEMPORAIRES : « AJUSTEZ BIEN » VOTRE APPAREIL

Si vous lisez ce livre et effectuez ces exercices, même s'ils vous provoquent quelque peu, c'est que vous possédez déjà suffisamment d'amour pour vous observer de près et devenir de plus en plus vrai. Les hauts et les bas que vous font subir vos extrêmes ne sont pas là pour la vie. Si vous le souhaitez, ils peuvent n'être que temporaires. Lorsque vous serez prêt à passer de la théorie à la pratique, vos premiers ajustements s'avéreront peut-être maladroits dans le feu de l'action, mais avec un peu d'entraînement, vous y arriverez. Souvenez-vous toujours que pour apprendre à marcher, vous avez fait de très nombreuses chutes et jamais vous ne vous êtes jugé, ni découragé. Se libérer de nos vieux conditionnements, c'est aussi apprendre à marcher. C'est ce qui fait de nous des adultes qui se tiennent véritablement debout, avançant d'un pas toujours plus léger sur le chemin de notre authenticité et de notre abondance.

Pour différentes raisons, vous en êtes venu à croire que vous n'êtes pas cet être lumineux, aimé, désiré, humble, puissant, pacifié et « clarifié » que vous êtes véritablement. Lors de mes conférences et ateliers, j'adore ces moments bénis où les nuages se dissipent dans le ciel intérieur de la personne. Soudainement, elle se voit apparaître sous son jour le plus magnifique, toutes les protestations de son mental cédant le pas à l'évidence de sa beauté intérieure. Cette personne se cachait maladroitement derrière ses multiples défenses et ses masques, puis la voilà qui s'abandonne à l'évidence. Sa beauté rayonnante surgit, discrète et glorieuse à la fois, splendide comme un lever de soleil. Étrange, tout de même, que mon *raga* préféré ait toujours été le Bhaïrav, c'est-à-dire le *raga* que l'on chante en se mettant au diapason avec la splendeur du moment où le soleil se lève…

# 10<sup>e</sup> leçon

## Un savant mélange
## d'intériorisation et d'action

*« L'intelligence n'a aucun rapport
avec les connaissances et les informations.
Il n'y a pas d'intelligence
sans une sensibilité du corps et de l'esprit,
c'est-à-dire une sensibilité sensorielle
et une clarté dans l'observation. »*

KRISHNAMURTI

Uwe, mon professeur de chant, me disait souvent que les règles de base de la musique classique indienne sont comme les règles d'une langue : une fois qu'on connaît la grammaire, on peut entrer en conversation. Comme je vous l'expliquais au début de ce livre, chaque *raga* comporte ses notes de base, ses inflexions et ses rythmes bien définis. Une fois qu'on maîtrise cette grammaire, on entame un chant connu, puis arrive le moment de l'improvisation, laquelle peut durer plusieurs dizaines de minutes (généralement entre 30 et 45 minutes), voire même des heures dans certains cas ! Le principal défi de la musique indienne est celui de l'improvisation, car une fois que les bases de notre *raga* sont bien établies et que la chanson choisie a été présentée, le reste du *raga* s'improvise sous différentes formes ornementées. Les connaisseurs peuvent apprécier toute la valeur de ces envolées, car même si l'improvisation transporte son interprète dans un espace de liberté et de créati-

# 10ᵉ leçon

vité à l'état pur, on comprend que cela s'appuie sur un sublime mariage entre maîtrise et abandon.

Lorsque le temps fut venu de tenter mes toutes premières improvisations, sagement assise sur mon coussin devant mon professeur, j'ai découvert quelque chose de singulier. Tout à coup, ces fameuses règles de grammaire musicale auxquelles je m'étais astreinte durant de longs mois ne m'apparaissaient plus contraignantes. Au moment où j'étais prête à laisser l'instant présent chanter à travers moi, j'étais prise d'un grand accès de pudeur. Cachée derrière mes chants bien appris, je me débrouillais sans trop de problème, mais au moment de dévoiler ce que mon inspiration la plus pure me dictait par la suite, je me sentais soudain obligée de me révéler dans une très grande intimité. Tout à coup, je me sentais comme une jeune mariée devant se dévêtir pour la première fois devant son époux.

L'esprit de cette forme musicale, qui tient bien plus de la méditation chantée que de la performance, y est sûrement pour quelque chose, puisqu'il invite à une connexion intérieure sans faille. Cela m'a néanmoins fait réfléchir sur cette parole de Nelson Mandela que j'aime citer en conférence : « Notre plus grande peur n'est pas d'être insuffisant. Notre plus grande peur est d'être capable au-delà de toute mesure. C'est notre lumière et non notre obscurité qui nous effraie le plus. »

N'est-ce pas étrange que d'avoir peur de nous montrer tels que nous sommes, dans tout ce que nous avons de plus beau et lumineux ? Pourquoi avons-nous si peur de nous lancer dans l'inconnu, armés de notre seule créativité ? Même si elles nous déplaisent, les règles que nous nous sommes données nous satisfont peut-être plus souvent qu'autrement ; peut-être les barreaux de notre petit univers contrôlé nous sécurisent-ils, en réalité. Mandela ajoute : « Nous nous posons la question "Qui suis-je pour me penser comme quelqu'un de brillant, grandiose, plein de talent et fabuleux ?" Mais en fait, qui êtes-vous pour ne pas oser l'être ? » Pourquoi ne deviendrions-nous pas le héros de notre propre vie ? Pourquoi choisir la médiocrité quand quelque chose de glorieux n'attend qu'à s'exprimer ?

Cette gloire n'a rien à voir avec l'ego. Elle est simple et humble. Le chant d'un oiseau est glorieux, simple et humble à la fois. Notre monde serait si triste sans leur présence joyeuse qui ne demande rien d'autre qu'à chanter son existence !

Devenons notre propre chant, notre propre improvisation au sitar ! Mais pour cela, il faut oser s'abandonner et assumer le fait que nous devrons sans cesse nous risquer en terrain inconnu. Maintenant que vous connaissez vos cordes maîtresses et que vous n'avez plus de raison de vous laisser freiner par vos cordes sensibles, le temps est venu de passer à l'action. Pour certains d'entre vous, l'inconnu correspondra surtout au défi que représente le fait de passer du rêve à la réalité ; pour les autres, ce sera l'inverse : « Comment faire entrer un peu de rêve dans ma réalité ? » Que vous apparteniez à l'un ou l'autre de ces groupes, si vous voulez devenir une personne entière, vous n'aurez pas d'autre alternative : vous devrez faire face à l'inconnu.

## RÊVE ET RÉALITÉ : INTÉGRATION DES OPPOSÉS

Si nous voulions regrouper les humains en deux catégories, tout nous porterait à croire qu'ils se divisent entre un groupe d'êtres plutôt réceptifs (Yin) et un groupe d'êtres plutôt actifs (Yang). Certains se sentent tout simplement plus à l'aise dans l'écoute et le retrait, tandis que d'autres ressentent le besoin de faire leur marque dans le concret et l'efficacité. Je me suis récemment liée d'amitié avec Peter Koenig, auteur du livre *30 Lies About Money*[31]. Né en Grande-Bretagne, Peter vit depuis longtemps en Suisse où il a commencé à s'intéresser à la relation entre les émotions et l'argent – sujet ô combien explosif ! –, il y a une vingtaine d'années. En fait, le corollaire émotions-argent nous transporte automatiquement dans ce que nous avons de plus instinctif et c'est ce que nous découvrons avec stupéfaction lors de ses ateliers.

Pour Peter Koenig, les humains se divisent en deux pôles : ceux qui, inconsciemment, croient ne pas *mériter* leur existence et ceux qui, inconsciemment, croient devoir *sécuriser* leur existence. Les premiers souffrent en espérant que leur peine sera un jour purgée ; les seconds croient pouvoir atténuer leur souffrance en usant de contrôle. La croyance inconsciente des premiers est « je suis puni » ; celle des seconds est « je soumets ». Et ainsi va la vie, depuis que le monde est monde, entre ceux qui courbent l'échine et ceux qui en profitent. Les premiers repoussent involontairement l'argent vers ceux qui ressentent justement le besoin irrépressible de se sécuriser en courant après ce même argent. Comme le hasard fait bien les choses !

Comment sortir du cercle vicieux ? En changeant de paradigme, soutient Peter Koenig. Nous devons cesser de travailler afin de gagner de l'argent, dans l'espoir de pouvoir ensuite faire ce qu'on aime (ce qui n'arrive jamais, en bout de ligne), mais plutôt faire ce qu'on aime dès maintenant, ce qui nous permettra ensuite de vivre dans la prospérité.

Ainsi donc, mes chers amis les dictateurs qui s'ignorent et chers amis indignes de votre existence, ceci constitue une invitation à faire la paix avec vos peurs inconscientes et à bien identifier votre polarité cachée. À partir de là, tout projet ou changement que vous souhaiterez actualiser dans votre vie trouvera un nouvel éclairage. Les uns comprendront qu'ils doivent mettre les bouchées doubles pour apprivoiser l'art de l'action ; les autres conviendront qu'ils auraient tout intérêt à entrer en contact avec leur intuition et développer leur écoute.


## LA DANSE DE L'ABONDANCE

Les forces dynamiques Yin et Yang (que l'on peut aussi associer à l'interaction des hémisphères droit et gauche du cerveau) ne devraient plus être placées en opposition, mais bien en complémentarité. Dans l'espace de liberté du juste milieu de vos cordes, vous entrez en fait dans un fonctionnement où la création est rendue possible. Vos réalisations deviennent alors une danse énergisante, délicieuse et passionnante entre ces deux pôles fondamentaux de l'existence. Cette tension créatrice entre intuition et logique, entre imagination et mise en action, ne se fait pas toujours sans heurt. Mais néanmoins, plus elle correspond à la vérité profonde de votre être et que vous osez poser les premiers gestes dans cette direction, plus les éléments extérieurs viendront à votre rencontre, donnant souvent lieu à des opportunités bénies.

Je me rappelle très bien du jour où j'ai compris que pour me sentir à ma place dans ce monde, il faudrait que j'ose réunir mes talents de communicatrice et ma passion pour la quête de sens. Ce mariage paraît peut-être tout à fait naturel, mais je vous assure qu'il m'a fichu une trouille terrible, à l'époque. Moi qui m'étais toujours cachée derrière mon masque de lectrice de nouvelles bien rangée, cela signifiait tout à coup qu'il faudrait que je devienne une journaliste spirituelle. « Qu'allaient dire mes patrons et mes confrères de travail ? Serais-je ridiculisée sur la place publique pour avoir osé lever le voile sur mes convictions personnelles ? Pourrai-je trouver du travail en affichant sincèrement mes valeurs ? Si j'écris pour ce magazine de croissance personnelle auquel je pense, ne serait-il pas plus prudent d'emprunter un pseudonyme ? Mais de toute façon, serai-je acceptée dans ce nouveau milieu ? Suis-je assez compétente ? » Telles étaient les mille et une questions qui tourbillonnaient dans ma tête avec une intensité croissante, à mesure que j'acceptais de me laisser guider par mon cœur et l'élan profond de tout mon être.

Une nuit, alors que ce questionnement pressant m'empêchait de fermer l'œil, je vis soudain les grandes lignes d'une proposition à soumettre à la rédactrice en chef du magazine *Lumière* qui, selon moi, risquait d'être intéressée par mes idées de reportages. Je me levai d'un bond pour m'installer devant mon ordinateur, puis j'envoyai fébrilement par télécopieur une lettre résumant en une page mon parcours et la dizaine de suggestions d'articles qui m'étaient apparues en un éclair. Cinq mois plus tard (j'avais été trop timide pour effectuer un suivi), le téléphone sonna soudain chez moi : «Bonjour, Marie-Josée. Ici Annie Laforest[32], rédactrice en chef du magazine *Lumière*. J'ai beaucoup aimé la proposition que vous m'avez envoyée. Je la gardais précieusement sur le coin de mon bureau pour le jour où je pourrais inclure vos articles dans notre magazine, et ce jour est arrivé ! »

Mon tout premier article pour cette revue traitait des *sweat lodges* (tentes de sudation), un rituel de purification amérindien auquel j'avais été initiée durant mes quelques années passées dans l'Ouest canadien. En effectuant mes recherches par téléphone afin de trouver un bon leader de *sweat lodges* au Québec[33] avec qui je pourrais obtenir une entrevue, j'ai tout de suite ressenti l'immense contraste entre le surcroît d'énergie que nous procure le fait de nous lancer dans une tâche passionnante et la léthargie dans laquelle nous sommes plongés lorsque nous manquons cruellement de motivation.

Fermons cette courte parenthèse et venons-en à la magnifique coïncidence qui a suivi ce premier grand saut au cœur de mon véritable chemin de vie. En effet, peu de temps après avoir pondu mon article sur les *sweat lodges*, Annie allait me réserver une autre surprise de taille en m'offrant une interview avec l'auteur américain James Redfield, qui connaissait un succès monstre à l'époque avec sa célèbre *Prophétie des Andes*. Inutile de vous dire que son offre inattendue m'a estomaquée. Non seulement s'agissait-il d'un grand honneur en soi, mais je voyais bien l'immense clin d'œil que la vie voulait me faire en m'offrant d'interviewer le maître es coïncidences lui-même, au moment où j'avais commencé à oser revêtir mes ailes de libellule.

Cette coïncidence est un bel exemple des événements (parfois magiques) qui se mettent en branle à partir du moment où l'on transgresse nos interdits et qu'on se met en action à partir de nos intuitions. En relisant l'interview que j'avais réalisée avec James Redfield – c'était en 1999 –, j'ai retrouvé ce passage intéressant qui illustre bien la danse subtile entre l'action et l'écoute intérieure que j'appelle aujourd'hui «la danse de l'abondance » :

J.R. : Si nous sommes vraiment à l'écoute, nous recevons intuitivement la vision de ce que nous sommes censés faire dans le monde. Très souvent, ce n'est rien de grandiose. Nous ne voulons pas tous écrire des livres ou réaliser des films. En fait, je trouve que les missions les plus importantes sont tout simplement celles qui s'effectuent de personne à personne, qui concernent les vérités que nous avons à transmettre à ceux et celles qui passent dans notre vie. Notre vérité est toujours la vérité que les autres sont venus entendre. [...]

M.J.T. : Jusqu'où doit-on poser des gestes envers notre mission et à partir de quand laisse-t-on les choses venir à nous ?

J.R. : La réponse, c'est l'intuition. L'intuition va nous aider à déterminer ce que nous aimerions faire et par où nous devons commencer. Une fois que nous aurons commencé à poser des gestes en ce sens, des coïncidences vont se produire en notre faveur.

Quand j'ai jugé *La prophétie des Andes* prête à être lancée, j'ai cogné à plusieurs portes et essayé de tout prendre en main, mais j'ai vite réalisé que même si le manuscrit était accepté, le processus normal exige un temps d'attente de deux ans et demi avant que le livre ne se retrouve en librairie. Or, j'étais absolument convaincu qu'il devait sortir immédiatement. Ce fut l'intuition principale qui m'a fait décider de publier par moi-même, en créant ma propre entreprise. Aussitôt que j'ai eu cette intuition, je me suis vu avoir besoin d'aide. En parlant avec un ami, j'ai appris qu'un homme, qui avait travaillé dans le monde de l'édition à New York, venait de s'installer en ville et qu'il désirait maintenant aider les gens à publier eux-mêmes leur livre. [...] En moins de neuf mois, *La prophétie des Andes* était en vente et l'année suivante, une grande maison d'édition est venue m'appuyer. Bref, il s'agit d'obtenir l'équilibre entre action et intuition. Il y a d'abord l'intuition qui nous mène à l'action, puis une autre intuition et ainsi de suite. Mais pour en arriver à ce premier livre, il aura tout de même fallu un processus de mûrissement d'une quinzaine d'années[34].

## LES SECRETS DE JOCELYNA

Jocelyna Dubuc est une femme d'affaires aguerrie. Les nombreux prix que lui a décernés la communauté des affaires en témoignent. Jocelyna a été la première personne à introduire le concept de vacances santé au Québec en fondant, en 1977, le Centre de Santé d'Eastman, aujourd'hui connu sous le nom de Spa Eastman. Selon moi, cette femme dynamique et visionnaire maîtrise parfaitement bien la danse de l'abondance. Voici son histoire :

Jocelyna Dubuc était dans la vingtaine lorsqu'elle a eu la vision de son entreprise. Intéressée par les méthodes naturelles de santé et inspirée de ce qu'elle avait vu lors d'un voyage en Inde, elle s'est demandé : «Pourquoi ne pas créer un lieu privilégié où les gens pourraient se retirer à la campagne, question de faire le point sur leur vie et de prendre leur santé en main ?» Son point de départ fut une belle maison de pierres située sur un plateau en retrait du village d'Eastman, jouissant d'une vue imprenable sur le mont Orford. Au début, son petit centre de santé était doté de cinq chambres. Jocelyna s'occupait de tout : les repas, les cours de yoga et d'alimentation saine, l'administration, la promotion, etc. Quelques années plus tard, elle acheta le terrain d'en face et agrandit considérablement son entreprise qui commençait à acquérir ses lettres de noblesse. Or, si la réputation du centre était excellente, sa santé financière demeurait précaire. En fait, il aura fallu douze ans pour que l'entreprise commence enfin à faire ses frais. Douze années où Jocelyna a dû déployer des trésors d'imagination et de détermination pour maintenir son entreprise à flots.

Lorsque je lui ai demandé de m'expliquer comment elle s'y prenait pour mettre en action un projet, voici ce qu'elle m'a répondu :

« Lorsque j'ai une nouvelle idée, que ce soit pour l'amélioration des services offerts par le Spa ou pour l'expansion de l'entreprise[35], je laisse mijoter. Je prends du recul, j'évalue si mon projet correspond à la mission de santé que je me suis donnée, je me demande si je suis vraiment motivée par cette idée. Une chose est sûre, il faut que mon projet goûte bon. Pour certains, ce besoin que j'ai de me mettre en "mode mijoteuse" peut paraître désavantageux parce que cela demande plus de temps, mais l'avantage de cette méthode, selon moi, c'est qu'elle permet de laisser venir les opportunités. À partir de là, les choses commencent à se préciser. Alors, je campe mes actions. Je m'oblige à bouger. Une fois que j'ai plongé, il arrive parfois un moment où je me demande "Mais qu'est-ce que je viens de faire là ?" Puis j'apporte les ajustements nécessaires, je prends de nouvelles décisions en fonction des imprévus qui sont bien sûr inévitables. »

## OBSERVATION ET IMAGINATION

À sa manière, Jocelyna vient de nous expliquer ce que James Redfield applique dans sa propre vie. Elle use d'un judicieux mélange d'introspection et d'action. En fait, on dit que les créateurs et les entrepreneurs les plus prolifiques sont ceux qui savent puiser à même les ressources des deux hémisphères de leur cerveau[36]. Robert Dilts, l'un des plus grands spécialistes de la Programmation Neuro-Linguistique (PNL), est de cet avis. Robert Dilts s'intéresse particulièrement aux processus de pensée qui sous-tendent la création. Il a beaucoup étudié les stratégies de pensée et d'organisation propres aux génies tels Léonard de Vinci, Albert Einstein et Walt Disney[37]. En parlant de Léonard de Vinci, Dilts insiste sur le sens aigu de l'observation dont était pourvu cet artiste et ingénieur hors du commun. Avant de passer à l'action, de Vinci avait l'habitude d'examiner un problème sous plusieurs angles :

« C'est un élément fondamental de sa stratégie. [Léonard de Vinci affirmait] que tant qu'on n'a pas perçu une chose sous au moins trois points de vue différents, on ne dispose pas d'une base suffisante pour la comprendre. »

Cette stratégie peut bien sûr s'appliquer dans diverses situations de notre vie, croit Robert Dilts :

« [Par exemple, si] vous rêvez de voyager autour du monde, mais que pour l'instant, vous n'avez pas beaucoup d'argent. En suivant le modèle de Léonard de Vinci, vous commencerez probablement à observer trois ou quatre personnes qui y sont parvenues. Certaines auront vendu tous leurs effets personnels, d'autres se seront associées à une cause humanitaire. Chacune aura certainement réussi à vaincre ses peurs. Bref, en écoutant attentivement leur témoignage ou en lisant des livres sur le sujet, vous en viendrez à détenir plusieurs informations utiles que vous pourrez ensuite agencer à votre manière pour parvenir au résultat souhaité. L'important, c'est de donner à votre cerveau toutes les chances de trouver de nouvelles avenues. [...] Cela s'appelle la métacognition. *Méta* signifie *au-dessus*. Vous prenez connaissance des faits en vous élevant au-dessus de votre personne ou de vos pensées. En PNL, nous disons que les gens font toujours le choix qu'ils considèrent le meilleur à chaque instant, par rapport au nombre d'options qu'ils perçoivent. D'autres options sont certainement possibles. La personne est pourtant convaincue du contraire. Ainsi, la clef consiste à devenir de plus en plus métacognitif, afin d'être en mesure de percevoir un plus large éventail d'options devant chaque situation[38]. »

Ne négligez jamais le pouvoir de votre imagination. C'est elle qui vous mettra sans cesse en quête d'une solution à votre nouveau défi. Bien stimulée, c'est elle qui vous permettra ensuite de « camper vos actions », pour reprendre l'expression de Jocelyna Dubuc, puis de vous placer à l'écoute des coïncidences ou opportunités qui viendront croiser votre route. L'histoire de Sylvie est selon moi un autre superbe exemple de tout ce qui peut se mettre en branle, à partir du moment où l'on identifie bien notre potentiel et nos passions et qu'on n'hésite pas à user de créativité pour trouver des solutions dynamiques aux divers obstacles à franchir. Puisque son histoire est extrêmement éloquente, je vous la raconte en détail.

## L'INCROYABLE DÉBROUILLARDISE DE SYLVIE

Sylvie et moi nous sommes connues lorsque nous avions 12 et 13 ans. Toutes les deux issues d'un milieu modeste et somme toute, assez conservateur, nous fréquentions les mêmes groupes de pastorale et de projets humanitaires à l'école secondaire. Bien que de nature très différente, certains traits de caractère et certaines passions communes nous unissaient. Nous nous respections déjà beaucoup à l'époque. Comme si, quelque part, nous savions toutes les deux ce que l'une et l'autre allaient devenir. Après nos études secondaires, Sylvie et moi avons pris des routes séparées. Elle, en hygiène dentaire, et moi, en journalisme. À tous les trois ou quatre ans, nous nous donnions des nouvelles. Nous nous émerveillions alors de découvrir les aventures que l'une et l'autre avaient décidé de mener contre vents et marées. Puis, il y a quelques mois, simplement guidée par son instinct, Sylvie décide de s'inscrire à l'un de mes ateliers « OSEZ être vous-même… » Au bout des quelques exercices permettant de définir nos cordes maîtresses, elle a obtenu les résultats suivants :

*Ses essences :*

1. Aventurière (Essence dominante)
2. Organisatrice
3. Dynamique
4. Sensible

*Ses passions :*

– Les voyages (en particulier l'Afrique, maintenant)
– L'ouverture sur le monde
– Les tortues
– Le dépassement
– L'esthétisme

Au moment de s'inscrire à l'atelier, Sylvie était mûre pour l'intégration d'un grand principe : le droit d'être elle-même. « J'ai réalisé que j'avais le droit d'avoir une assiette particulière », m'a-t-elle expliqué en ses mots. « J'entretenais depuis toujours un sentiment de culpabilité quant au fait de me sentir différente et, tout à coup, cela s'est transformé en sentiment d'être privilégiée. Ce fut une révélation de savoir ce qui nourrissait mon âme. »

Trois jours après sa participation à l'atelier, la vie de Sylvie allait prendre un tournant décisif. À la fin de sa journée à la clinique dentaire où elle travaillait depuis 10 ans, sa patronne lui tend une enveloppe contenant… un avis disciplinaire ! En gros, on lui donnait un mois pour cesser de sympathiser avec la clientèle (semble-t-il que son employeur considérait qu'elle accordait trop de temps à l'aspect social de son travail). À défaut de se conformer à cette directive, elle serait licenciée. Passé le choc de la nouvelle, Sylvie a pris le temps de réfléchir. « J'ai eu envie de me venger », m'a-t-elle confié, « mais j'ai compris que je pouvais profiter du potentiel de la situation. Comme ma patronne me donnait un mois avant de passer en réévaluation et que nous approchions des vacances de Noël, je me suis accordé la période des Fêtes pour tout reconsidérer. À bien y penser, mes valeurs avaient commencé à subir une transformation profonde, depuis plusieurs mois. Mes récents voyages en Afrique avaient bousculé des tas de choses à l'intérieur de moi. Jusqu'ici, j'avais accordé beaucoup d'importance au confort matériel. Je gagnais un excellent salaire. Ma fille et moi vivions avec un homme prospère. Je commençais maintenant à me demander sérieusement pourquoi je n'étais pas heureuse dans notre grande maison de six chambres à coucher (alors que nous n'étions que trois à y habiter), avec notre cinéma maison, nos quatre voitures dans le garage et mes 40 paires de jeans. Eh oui, je le reconnais ! Je possède 40 paires de jeans… Un changement majeur était devenu imminent dans ma vie, sinon j'aurais continué de jouer à l'autruche. »

Comme par hasard, Sylvie a reçu des offres d'emploi provenant d'autres cabinets de dentiste durant sa période de réflexion, mais elle les a déclinées. « J'avais choisi de me donner le temps de déterminer ce que je voulais véritablement. J'ai procédé par élimination en me posant les questions suivantes : Si mon essence dominante est celle de l'Aventurière, quelle place est-ce que je donne actuellement à cet aspect fondamental de mon être ? Si l'autonomie et la liberté sont si importantes pour moi, pourquoi ne deviendrais-je pas mon propre patron ? Comment pourrais-je faire pour continuer à obtenir un bon revenu, tout en restant libre de mes mouvements ? Qu'est-ce qui pourrait me procurer le sentiment de ne pas être coincée dans une routine ? Puisque je n'ai pas envie de retourner sur les bancs d'école et d'attendre encore, quelle solution rapide pourrais-je trouver pour parvenir à mes objectifs ?

C'est alors que j'ai eu l'idée d'offrir mes services d'hygiéniste pour des dépannages de courte durée dans différents cabinets. Cela me permettrait de gagner des sous rapidement et de continuer à faire fleurir mes projets de voyage. »

Sylvie est une femme très déterminée (ses essences d'Aventurière, Organisatrice et Dynamique en témoignent !). Ce qui est remarquable chez elle, c'est qu'elle a toujours su se poser les bonnes questions. Plutôt que de se concentrer sur l'impossibilité apparente de ses projets, elle a toujours eu le réflexe salutaire de se demander « comment » elle pourrait s'y prendre pour réaliser ses rêves. Le métier d'hygiéniste dentaire n'étant pas exactement ce qu'il y a de plus palpitant pour une aventurière comme elle (bien qu'il correspondait sûrement à son côté organisé et méticuleux, ainsi qu'à une passion certaine pour l'esthétisme), elle en vint rapidement à vouloir parcourir le monde, d'abord comme touriste, puis éventuellement à titre professionnel.

Voyez comment elle avait déjà su s'ouvrir à de nouvelles possibilités, au moment où elle avait commencé à ressentir l'appel pressant des voyages. Il y a quelques années, stimulée par ses péripéties de globe-trotter, Sylvie songeait sérieusement à suivre une formation d'agent de voyages lorsqu'une collègue lui apprit qu'une amie possédant une agence de voyages désirait recruter et qu'elle ferait certainement l'affaire. « Mais je n'ai aucune formation ! » protesta Sylvie. « Tu te trompes, ma chère », répondit la cliente. « Tes nombreux voyages passés et ton grand dynamisme sont des atouts majeurs et je crois que mon amie serait vraiment très attirée par ton profil. » Cette femme avait vu juste et Sylvie finit par obtenir ce qu'il y avait de plus pratique pour elle : un permis d'agent de voyages indépendant affilié à une grande agence, un travail à temps partiel comme hygiéniste dentaire et des projets de voyages de plus en plus palpitants. Parmi ces pérégrinations aux quatre coins de la planète, notons sa visite au Niger, effectuée peu de temps avant mon atelier. Durant ce séjour organisé à l'intention d'un groupe d'agents de voyages, Sylvie avait souffert de découvrir que la responsable de la tournée avait fait croire aux représentants du ministère du tourisme nigérien que son groupe en était un de grands dignitaires. Les quelque dix agents avec lesquels elle avait visité le pays s'étaient donc retrouvés logés dans les plus grands hôtels et accueillis comme des princes. Tout cela avait permis à l'organisatrice de toucher des commissions plus substantielles. À la fin du séjour, toutefois, tout le monde avait découvert le pot aux roses. Se sentant terriblement mal à l'aise face à cette injustice (le Niger étant reconnu comme le pays le plus pauvre de la planète et son groupe ayant reçu un traitement royal disproportionné), Sylvie avait promis à ses nouveaux amis nigériens qu'elle allait bientôt revenir et que, cette fois, elle n'aurait pas les mains vides.

Après avoir constaté que les enfants du Niger ne disposaient pratiquement d'aucun matériel scolaire, elle eut l'idée de procéder à une collecte de crayons et stylos, une fois rentrée au Québec. Au bout de cinq semaines, elle en avait amassé 6 000! (N'oubliez pas que nous avons ici affaire à une Aventurière, Organisatrice, Dynamique et Sensible. Pour les gens de sa trempe, une simple collecte de stylos est un jeu d'enfant!) Son retour au Niger avec sa précieuse cargaison était prévu dans les semaines suivant l'atelier OSEZ. Entre-temps, les événements avec la propriétaire de sa clinique dentaire, dont nous avons fait mention plus haut, étaient survenus. Fallait-il annuler ce nouveau voyage au Niger, vu les circonstances?

Sylvie choisit de garder le cap. Après mûre réflexion, elle remit sa démission à sa patronne. Quelques jours plus tard, elle entendit parler d'un cabinet cherchant une hygiéniste pour un remplacement de quelques mois dont l'horaire lui permettrait de mener à bien ses autres projets, y compris son retour au Niger. Elle sauta sur l'occasion, puis s'envola vers le continent africain où elle fit la plus belle des tournées des écoles du pays. À la toute fin de ce périple où sa nouvelle vie d'aventurière confirmée prenait son envol, un incroyable cadeau du destin l'attendait: « Je circulais dans la capitale, Niamey, avec mon chauffeur », raconte-t-elle. « Nous venions de passer deux cliniques dentaires et j'étais curieuse de voir comment les choses s'y passaient. À la troisième clinique que nous croisons, je demande à mon chauffeur de me laisser descendre. Avant de quitter le Canada, j'avais eu l'intuition d'apporter quelques-unes de mes nouvelles cartes d'affaires d'hygiéniste indépendante. J'entame la conversation avec la propriétaire de la clinique et lui présente ma carte. Au bout de quelques minutes, la dame s'exclame : *"Inch'Allah, inch'Allah !* Vous avez été mise sur ma route ! Voilà des mois que j'attendais de l'aide pour un projet de santé communautaire en prévention dentaire dans les écoles de brousse. Accepteriez-vous de vous en charger ?" Inutile de vous dire que ma réponse fut oui, sans hésitation ! »

À son retour au Québec, Sylvie s'est empressée de me contacter pour me détailler cet extraordinaire récit. « J'ai maintenant la conviction de pouvoir apporter quelque chose au monde », déclara-t-elle avec émotion. « J'ai l'intention de continuer à vendre des voyages et d'en organiser pour des groupes, en particulier en Afrique. Je sais que je peux faire confiance à ma bonne étoile. Je vais continuer de me nourrir de tout ce que l'Afrique a à m'apporter et, grâce aux projets humanitaires, je pourrai désormais investir dans les relations humaines, ce qui prime désormais pour moi. »

Ce n'est pas tout ! À peine était-elle rentrée chez elle que Sylvie recevait un courriel de la part d'un nouvel ami au ministère du tourisme nigérien : « Chère Sylvie. Après une réunion avec mes collègues du tourisme nigérien et du Burkina Fasso, nous avons conclu que tu serais la meilleure personne pour représenter le Canada, lors de notre prochain salon de tourisme. Serais-tu d'accord pour revenir également à ce titre ? »

Notre incroyable Sylvie est la preuve vivante qu'on peut aller bien loin lorsqu'on choisit de se brancher sur ce qui vibre en nous, en faisant fi des conventions et des obstacles apparents. Lorsque je lui ai demandé la permission de publier son histoire, elle a accepté d'emblée et m'a remis un bout de papier où elle avait consigné quelques-unes de ses réflexions. Voici ses conclusions, à la suite de toutes ses péripéties :

« Apprendre à se connaître soi-même est un cadeau qui n'a pas de prix. Nous ne pouvons pas appliquer ce que nous ignorons. Parfois, certaines notions de base peuvent nous éclairer à un tel point que tout à coup, notre vie prend un embranchement différent, une route auparavant inconnue. Comment entrevois-je l'avenir ou les années à venir ? Je veux prendre la Vie au jour le jour avec plus de légèreté. Planifier moins loin dans le temps ; il y a tellement d'imprévus. *Donner.* De quelque façon que ce soit ! Je reçois tellement en donnant que tout le monde y gagne. Je veux également être un exemple pour ma grande fille, Dorothée, qui aura bientôt 15 ans. Je ne lui ai probablement pas donné autant de temps que bien des mamans, mais je lui ai transmis la confiance en elle et la nécessité de l'estime de Soi avec un grand S. Quand on veut, lorsqu'on y croit, presque tout est possible. Le dépassement apporte souvent une nourriture très rassasiante pour l'âme. Ressentir de la crainte et de l'inquiétude est tout à fait normal, mais il faut éviter d'avoir "peur" de tout et de rien. Cela nous ferme trop de portes. »

# 11ᵉ leçon

## Votre premier récital

*« Impose ta chance, sers ton bonheur et va vers ton risque.*
*À te regarder, ils s'habitueront. »*

RENÉ CHAR

B ien! Maintenant que vous avez pris connaissance des recommandations d'usage, vous voilà bel et bien prêt pour votre premier récital. Mais au fait, qu'allez-vous jouer? Avez-vous commencé à imaginer divers scénarios mettant en valeur vos cordes maîtresses? Y a-t-il un projet plus brûlant qu'un autre dans votre cœur? Ou y en a-t-il des dizaines? Dans l'un ou l'autre des cas, il vaut mieux vous fixer un objectif bien précis et concentrer vos forces.

Dans *Trouver sa passion*[39], Rick Jarow nous recommande de nous fixer un but prioritaire pour les six prochains mois. Se donner un objectif à trop long terme lui confère un caractère quasi inatteignable et l'on peut facilement être tenté de reporter la chose à plus tard. En contrepartie, on peut se sentir bousculé et dépassé si l'on ne s'accorde pas suffisamment de temps pour y arriver. En conséquence, la période de six mois est un excellent compromis que j'ai moi-même appliqué avec succès.

## VOTRE PLAN D'ACTION : UN PROCESSUS EN CINQ ÉTAPES

Il existe de nombreuses méthodes de fixation et de réalisation d'objectifs. Voici maintenant un processus en cinq étapes destiné à vous aider à mieux intérioriser votre objectif et imaginer un plan d'action. Cette stratégie s'inspire librement de différents exercices puisés ici et là et qui ont produit des résultats optimaux selon mon expérience. Conçues pour les grands changements de vie, ces cinq étapes peuvent tout aussi bien être adaptées pour l'élaboration de « microprojets » au sein d'un « macroprojet de vie » (par exemple : créer un plan d'action pour la mise en service de votre futur site Internet, à l'intérieur de votre projet d'entreprise).

Pour l'élaboration des deux ou trois premières étapes du processus, n'hésitez pas à sortir de chez vous, question de vous extirper du train-train quotidien. Installez-vous avec vos crayons et cahier de notes dans un lieu d'inspiration de votre choix. Certains se sentiront inspirés dans l'atmosphère chaleureuse d'un café, d'autres préféreront s'asseoir devant un cours d'eau. Personnellement, j'affectionne particulièrement les sommets de montagne et les sanctuaires religieux qui ont de l'âme. Je pense entre autres au jubé d'une petite chapelle de pierres prenant discrètement place au sommet d'une montagne non loin de chez moi. J'aime m'y réfugier en tête-à-tête avec mon journal intime, lorsque j'ai besoin de voir où j'en suis. Les temples et les hauts sommets semblent nous procurer de l'élévation dans tous les sens du terme. J'ai observé l'apparition du même phénomène d'élévation intérieure-extérieure en prenant l'avion. Quels moments privilégiés que ceux où l'on peut contempler notre vie sur terre, tout en planant silencieusement au-dessus des nuages ! Évidemment, nous n'avons pas tous les moyens de prendre l'avion chaque fois qu'il est temps de faire le point. Ce qui compte, c'est de se donner la chance de prendre un peu de recul et de *mettre sur papier* les différentes étapes de préparation de votre plan d'action. Lorsque nous en avons trop en tête, l'acte d'écrire est incroyablement apaisant. De plus, cela permet de faire passer les idées vagues qui nous trottent derrière la tête au rang d'idées claires et conscientes. Tant que vous demeurez imprécis quant à ce que vous cherchez, vos actions demeurent tout aussi imprécises. Tant que vous ne concentrez pas vos forces, vous vous épuisez dans l'éparpillement.

Voici comment s'enchaînent les cinq étapes du processus :

1. Précisez votre *priorité.*

2. Identifiez les *besoins* à combler.

3. *Observez* autour de vous.

4. Élaborez votre *plan d'action.*

5. *Semez.*

## 1<sup>re</sup> étape : Précisez votre priorité

Commençons par vérifier ce que vous ne voulez plus dans votre vie. Ensuite, par contraste, vous allez pouvoir obtenir ce que vous désirez véritablement. Il est absolument crucial de mettre en lumière ce que vous voulez, plutôt que de continuer à subir tout ce qui ne vous plaît pas.

Pour ce faire, tracez une ligne à la verticale dans votre cahier, au centre de la page. Dans la colonne de gauche, écrivez tout ce que vous ne voulez plus. Une fois que cela est fait, reprenez chacun des mots ou des phrases inscrits, puis trouvez son équivalence « ce que je veux ». Par exemple, si vous ne voulez plus vous oublier constamment dans votre vie, inscrivez quelque chose comme « Je me choisis » ou « Être en priorité dans ma vie ». Une fois que la phrase « ce que je ne veux plus » a trouvé sa contrepartie « ce que je veux », rayez-la. Exemple :

| Ce que je ne veux plus | Ce que je veux |
|---|---|
| ~~M'oublier constamment dans ma vie~~ | Être en priorité dans ma vie |
| ~~Manquer d'argent~~ | Me sentir riche |
| ~~Avoir un métier qui ne me convient pas~~ | Avoir un métier qui me convient |
| ~~Dire OUI quand je pense NON~~ | Apprendre à dire NON |
| ~~L'indécision~~ | La clarté d'esprit |

Et voilà ! Non seulement vous aurez symboliquement rayé de votre vie tout ce qui la sabote, mais vous aurez ainsi commencé à mettre l'emphase sur ce que vous voulez vraiment.

Maintenant, tentez d'identifier votre besoin principal parmi toutes ces choses que vous voulez. Il faut trouver une priorité centrale pour les six prochains mois. (Comme par hasard, cette priorité risque d'englober les autres de toute façon. Cela se produit très souvent.) En fait, votre priorité, c'est ce qui brûle le plus fort au fin fond de vous-même.

Mais poursuivons notre exploration. Voici une question infaillible qui vous permettra de vérifier si vous faites fausse route avec votre priorité.

Inscrivez cette question dans votre journal, puis laissez-la agir profondément en vous :

« Si je devais mourir demain,
quels seraient mes plus grands regrets ?
Et dans quelles sphères de ma vie
me sentirais-je le plus incomplet[40] ? »

Prenez le temps de bien noter tout ce qui remonte à la surface. Cette question est percutante. On ne peut pas la prendre à la légère et c'est bien tant mieux, puisqu'elle peut nous permettre d'aller à l'essentiel ou de vérifier si nous maintenons le cap que nous nous étions déjà donné.

À la lumière de cette question, pouvez-vous encore vous lancer dans votre projet initial? Y a-t-il au contraire une priorité plus criante et fondamentale qui pourrait même vous permettre d'atteindre les autres objectifs notés dans la colonne « ce que je veux » ?

Autres questions clés :

– Est-ce que mon microprojet (si tel est le cas) s'insère bien dans le macroprojet de vie que je me suis déjà donné ?

– Très important : Est-ce que ma priorité fera vibrer mes cordes maîtresses? (Si votre priorité néglige vos essences et vos passions, tentez de recadrer votre objectif. Il faut qu'au moins quelques-unes de vos cordes maîtresses, en particulier votre essence dominante, puissent y trouver leur compte.)

– Est-ce que ma priorité dépend surtout d'un coup du sort ou est-ce qu'il s'agit de quelque chose qui peut se *construire* par l'addition de gestes concrets de ma part ?

– Enfin, comme dirait Jocelyna Dubuc du Spa Eastman : « Est-ce que ma priorité goûte bon ? »

Maintenant que vous avez identifié votre priorité pour les six prochains mois, inscrivez-la dans votre cahier. Le fait de la voir prendre forme en toutes lettres devant vos yeux aura un effet notable. Inscrivez-la ensuite en une phrase, avec une mention de la date dans six mois, jour pour jour :

> Ma priorité* d'ici le _____ :

## 2ᵉ étape : Identifiez les besoins à combler

Afin de mieux cerner vos véritables motivations et les actions les plus appropriées à entreprendre, il est bon de connaître les besoins auxquels votre priorité répondra. Ne négligez pas cette étape. La liste que vous allez maintenant établir sera donc des plus utiles pour la suite du processus.

Réalisez l'exercice suivant :

> Imaginez que votre priorité pour les six prochains mois est *atteinte*.
> Ressentez bien ce qui se produit en vous.
> Songez à tout ce que vous procure intérieurement
> la réalisation de votre objectif.

Dressez la liste des *besoins* qui seront comblés dans votre vie, du moment où cet objectif se sera concrétisé.

## 3ᵉ étape : Observez autour de vous

Comme nous l'avons vu au chapitre précédent, l'observation joue un rôle clé dans le processus créatif menant à la réalisation de nos projets. Les questions suivantes vous permettront d'entreprendre un précieux travail de recherche et de prépa-

---

* *Note* : Si votre priorité consiste à trouver l'âme sœur d'ici les six prochains mois, allez tout de suite lire la note à l'intention des célibataires, qui se trouve à la fin de ce chapitre.

ration. Continuez de tout noter par écrit dans votre cahier. Ces réponses vous seront également utiles pour la prochaine étape du processus.

> – J'identifie trois personnes dont l'expérience (ou le style de vie) se rapproche grandement de ma priorité. Comment s'y sont-elles prises, à ma connaissance ?
>
> – Y a-t-il des livres ou des sites Internet pouvant m'aider à progresser, que ce soit pour dépasser une peur ou approfondir mes connaissances ?
>
> – Existe-t-il des cours pouvant me permettre d'atteindre mon objectif ? Vaut-il mieux obtenir une formation académique ou alors, n'y aurait-il pas moyen de suivre différents ateliers ou cours à temps partiel à mesure que j'avancerai ?
>
> IMPORTANT : Ouvrez-vous aux coïncidences, à partir de cette étape. Puisque vous êtes maintenant précis par rapport à ce que vous cherchez, elles risquent fort bien de se manifester.

## 4e étape : Élaborez votre plan d'action

Vous voilà maintenant prêt à faire la liste de tout ce qu'il vous faudra poser comme gestes afin d'arriver à votre objectif. Vous pouvez bien sûr faire une liste de choses à faire de façon très linéaire et logique. D'autres favorisent l'exercice du collage*, très ludique et puissant à la fois. Personnellement, je préconise une méthode plus globale, soit celle du mandala, faisant appel aux deux hémisphères du cerveau, c'est-à-dire à notre esprit logique et à notre esprit intuitif. Les mandalas sont issus

---

\* Cet exercice consiste à découper dans des revues différentes images évoquant ce que nous souhaitons instaurer dans notre vie. On colle ensuite ces images sur un grand carton que l'on place bien en vue à la maison.

des traditions orientales et rappellent d'une certaine façon les cercles de guérison des Amérindiens. En sanskrit, le mot mandala signifie « cercle sacré ». Ils servent à représenter une idée naissante – illustrée au centre du cercle – et son organisation vers le monde extérieur. Le psychologue David Fontana écrit à leur sujet :

> « Les mandalas sont des images symboliques utilisées pour la méditation. [...] Grâce à eux, le méditant accomplit un voyage silencieux dans les plus profonds mystères de l'esprit. Le plus élémentaire de tous les mandalas est le cercle, symbole fascinant qui n'a ni commencement ni fin... Il s'agit du centre immobile du monde qui tourne. Le cercle magique définit et protège un espace sacré dans lequel on trouve la sérénité[41]. »

Dans *Trouver sa passion*[42], Rick Jarow suggère un excellent modèle de mandala d'action que j'ai légèrement adapté à la sauce Marijo Tardif.

1. Choisissez un moment de tranquillité pour cet exercice qui dure deux heures, en moyenne. Installez-vous à table ou à votre bureau, muni de crayons de couleur et d'un carton ou d'une feuille de papier vierge. Mettez de la musique, allumez une bougie si vous le souhaitez, mais veillez à ce que l'atmosphère soit propice à la création et l'introspection. Vous aurez également besoin de vous référer au cahier de notes utilisé pour consigner les réponses obtenues aux étapes 1, 2 et 3 du processus.

2. Tracez trois cercles concentriques. (Voir modèle à la page 194.) En haut de la page, notez à nouveau la date dans six mois, puis voici ce que vous allez inscrire à l'intérieur de chacun des trois cercles :

- Cercle central : Votre objectif, tel que déterminé à la 1<sup>re</sup> étape du processus, mais en un ou deux mots. Puis, autour de ce ou ces mots, mais toujours dans le cercle central, inscrivez votre objectif en une phrase évoquant une action concrète menant à cet objectif.

- Cercle du milieu : Les besoins qui seront comblés, une fois que votre objectif sera atteint, selon la liste que vous avez créée à la 2ᵉ étape du processus.

- Cercle extérieur : Cette étape est cruciale. Sans elle, vos beaux rêves ne pourront jamais s'insérer dans la réalité. Ici, vous allez en effet noter *tous* les gestes concrets que vous devrez poser pour atteindre votre objectif. Par exemple :

  - Chaque petit geste pouvant m'aider dès maintenant à combler les besoins inscrits dans le cercle du milieu et correspondant à la 2ᵉ étape du processus.

  - Chaque petit geste issu de mes observations de la 3ᵉ étape : titre des livres à lire, recherches à effectuer, formations à suivre, nom des personnes qui m'inspirent, etc.

  - Si cela est possible, peut-être pourriez-vous rencontrer ces personnes qui vous inspirent ? Inscrivez alors dans le cercle extérieur de votre mandala les étapes nécessaires pour obtenir une rencontre de type « motivation » ou « enquête à la Sherlock Holmes » avec chacune de ces personnes.

  - L'une de ces personnes pourrait peut-être même devenir un mentor, si la chimie est bonne entre vous. N'ayez pas peur de vous entourer d'individus qui croient en eux-mêmes et qui, par le fait même, sont capables de croire en vous.

  - Inscrivez toute autre action ou résolution qui, logiquement, devrait vous mener à la réalisation de votre priorité. Soyez systématique et détaillé.

3. Faites un de Vinci de vous-même ! Laissez s'ouvrir les vannes de votre créativité afin de trouver les mille et une solutions imaginatives vous permettant d'atteindre

l'objectif que vous vous êtes fixé pour les six prochains mois. Utilisez cette même créativité pour décorer et colorer votre mandala. Prendre le temps de l'agrémenter visuellement sera comme une méditation active, par laquelle vous ancrerez davantage le message du mandala dans votre subconscient. En mettant de l'amour et de l'application dans ce petit chef-d'œuvre, vous donnerez une impulsion d'amour et d'application au chef-d'œuvre que représentera bientôt votre priorité réalisée.

Au dernier jour de mes ateliers-transformation, les membres du groupe reviennent avec leur mandala fraîchement confectionné. À tour de rôle, ils dévoilent leur œuvre d'art et la décrivent aux autres participants. Immanquablement, les plus artistiques du groupe s'en donnent à cœur joie. Ainsi, j'ai vu des mandalas décorés avec des étoiles, des anges et autres ornements autocollants, des oiseaux et des fleurs en trois dimensions… D'autres participants, aux essences de type Analytique ou Constructeur (Manuel), sont arrivés avec des mandalas dessinés à l'ordinateur ou découpés dans des cartons colorés et dont les cercles concentriques tournaient les uns sur les autres… Ces « vernissages » sont toujours des moments très touchants où les rêves autrefois enfouis dans le secret de notre cœur commencent à prendre forme et reçoivent les chaleureux encouragements du groupe.

## 5e étape : Semez

Quand votre mandala est complété, affichez-le dans un endroit où vous le verrez tous les jours, sans toutefois le livrer au regard de certaines personnes qui risquent de dénigrer votre démarche. Certains placent leur mandala sur leur frigo, d'autres sur leur table de chevet, d'autres encore préfèrent le placer en évidence sous la plaque vitrée de leur bureau. J'en ai même connu qui l'avaient placé dans le tiroir à sous-vêtements de leur commode ! De cette façon, le mandala n'était pas exposé aux regards malveillants et, en même temps, ces personnes le voyaient sans faute chaque matin. Un jour, une spécialiste de Feng Shui m'a suggéré d'afficher mon mandala à droite de la porte d'entrée, à l'intérieur de ma maison. Cela me permettait d'obtenir un rappel chaque fois que je sortais de chez moi ; mais à un niveau plus profond, on retrouvait aussi dans cette idée un rappel symbolique du mouvement créateur partant de notre monde intérieur vers le monde extérieur.

Transférez ensuite dans votre agenda les différents gestes énumérés dans le cercle extérieur du mandala. Attention, ne transcrivez pas tout sur la même page ! Disséminez judicieusement vos actions au fil des semaines. Sinon, vous risquez de tourner la page et de tout laisser tomber. Souvent, certaines de ces actions nous demandent de prendre notre courage à deux mains. Elles doivent être bien mises en évidence dans votre agenda ; puis une fois que vous aurez réussi à les concrétiser, savourez la *satisfaction* que cette toute petite victoire sur vous-même vous procure, que le résultat de cette action soit positif ou non. En fait, que vos gestes concrets soient faciles à poser ou qu'ils représentent un énorme dépassement, n'oubliez jamais votre pile de satisfaction et laissez toutes vos cellules emmagasiner l'énergie de plaisir et de fierté que chaque geste posé suscite en vous.

Votre devoir consiste à *semer*. Certaines graines ne germeront jamais ; d'autres pousseront où vous ne l'auriez jamais imaginé. Certaines donneront des résultats quasi immédiats ; d'autres porteront fruit seulement des années plus tard. Votre mandala activera bien sûr la magie des synchronicités. Restez réceptif afin de reconnaître les opportunités se présentant à vous. Cela dit, d'un point de vue purement logique, la somme de vos actions finira forcément par vous mener quelque part.

C'est étape par étape qu'on fait une ascension. Si vous vous découragez en pensant à l'énormité de la montagne à gravir, vous continuerez de tergiverser à sa base, sans jamais parvenir à mettre un pied devant l'autre. Le centre de votre mandala, c'est la promesse du bonheur que vous ressentirez au sommet de la montagne. Les besoins identifiés dans le deuxième cercle précisent votre cap. Enfin, les actions concrètes énumérées dans le cercle extérieur représentent chacun des pas à franchir dans la direction que vous vous êtes donné. Très vite, vous découvrirez que vous éprouvez beaucoup de plaisir à relever le défi que représente chaque petit pas, puisque en lui-même, il fera vibrer vos cordes maîtresses et portera la résonance de votre aspiration profonde. Chaque pas en avant vous rapprochera certes du but, mais il constituera surtout un geste d'amour envers vous-même et les autres, ce qui ultimement se révélera votre seul et véritable objectif.

**Ma priorité d'ici le _____**

Tous les petits gestes
concrets et détaillés
pouvant me mener à la réalisation
de ma priorité

Besoins comblés

Priorité en
une phrase

Priorité
en un mot

# NOTE À L'INTENTION DES CÉLIBATAIRES

Lorsqu'ils réfléchissent à leurs plus grands regrets et aux sphères de leur vie où ils se sentent incomplets, les célibataires sont bien sûr tentés de placer l'amour ou la vie de couple au centre de leur mandala. Dans ce cas précis, je recommande l'élaboration d'un mandala encore plus étoffé.

Trop souvent, nous nous plaçons en position d'attente impuissante lorsque nous espérons trouver le partenaire idéal. N'attendez plus. Voyez quels gestes vous pouvez poser immédiatement, afin de combler vos besoins fondamentaux. Par exemple, si vous sentez que votre besoin d'échange et de partage sera comblé, une fois que vous aurez trouvé l'âme sœur, notez tout de suite ce que vous pourriez faire tout de suite pour nourrir ce besoin : ne pas hésiter à me confier plus souvent à mes meilleurs amis, instaurer des soirées de partage avec des gens possédant les mêmes passions que moi, oser faire les premiers pas et demander du réconfort auprès d'un proche accueillant lorsque je me sens triste, etc. Si vous avez besoin de combler vos besoins d'ordre physique, peut-être pourriez-vous vous accorder le droit à un traitement de massothérapie par semaine, vous dorloter davantage, vous inscrire à un cours de salsa pour le plaisir de bouger, la sensualité et la joie de se laisser emporter par le rythme, etc. (Voir les exemples fournis dans la liste à la fin de cette leçon.)

Ne vous placez jamais, jamais en position d'attente impuissante ! S'isoler lorsque tout notre être réclame le contraire représente une forme de violence envers soi-même. Il est tout aussi violent de dépendre d'un futur compagnon ou d'une future compagne n'appartenant pour le moment qu'au monde des rêves, afin de combler la plupart de nos besoins relationnels et affectifs.

Cela dit, pour pouvoir vivre un véritable engagement avec une autre personne, il est indispensable d'être d'abord en mesure de s'engager envers soi-même. Mettre en valeur vos cordes maîtresses à travers des projets qui vous enthousiasment et vous nourrissent est à mon avis la voie par excellence de l'engagement envers soi-même. L'estime de vous-même que vous allez y gagner vous procurera des bases solides sur lesquelles de saines relations interpersonnelles pourront ensuite s'établir.

Vous pouvez donc dresser une liste de vos besoins relationnels et des actions connexes à entreprendre dès maintenant pour les nourrir. Je recommande ensuite l'élaboration d'un mandala en lien avec un projet faisant vibrer vos cordes maîtresses. Intégrez enfin dans le cercle extérieur (en plus des gestes concrets menant à la réalisation de votre objectif central) les actions pouvant vous permettre de répondre à vos besoins relationnels. Cette sorte de « deux dans un » est selon moi la meilleure tactique à employer. Ainsi, vos principaux besoins recevront un minimum de nourriture, ce qui vous donnera suffisamment de force pour vous réaliser dans un projet qui vous fait vibrer. Et lorsque vous vibrerez – sans attente et sans impression de manque –, devinez ce qui risque de vous arriver sur le plan amoureux ?

Exemples d'actions à entreprendre pour combler vos besoins relationnels et affectifs :

- M'offrir un traitement de massothérapie par semaine ;
- Compléter ce traitement par un bon bain de vapeur ou une « trempette » dans un Jacuzzi ;
- Apprendre à me confier ;
- Ne pas m'isoler : ajouter des sorties le soir ;
- Prendre des cours de salsa ;
- M'inscrire dans un club de randonnée ;
- Faire du bénévolat et donner tout mon amour à ceux qui en ont besoin ;
- Si je n'ai pas d'enfant et que j'aurais aimé en avoir : « emprunter » mes neveux ou nièces pour une journée d'activités amusantes, de temps à autre ;

– Lire de bons romans d'amour;

– Ne pas hésiter à demander de l'aide quand j'en ai besoin;

– Trouver des prétextes pour jouer et m'amuser;

– Inviter mes meilleurs amis à dîner à la maison;

– Organiser des activités sociales originales au bureau;

– Créer un cercle d'amis partageant des cordes maîtresses similaires aux miennes;

– Etc., etc.

Et n'oubliez pas : Pensée – Action – Satisfaction!

# 12ᵉ leçon

# Turbulences, coïncidences, abondance et autres phénomènes ondulatoires

*« Dans cet univers incompréhensible*
*se révèle une infinie raison supérieure. »*

ALBERT EINSTEIN

Grâce à ce premier projet de récital, vous voilà maintenant prêt à jouer de votre sitar en mettant vos cordes maîtresses en valeur, en restant à l'écoute de vos cordes sympathiques et sensibles, en étant de plus en plus précis quant à leur ajustement et, surtout, en vous sentant de plus en plus libre d'être vous-même. Si tout va comme prévu, vos cordes commencent à vibrer comme jamais auparavant, provoquant un regain d'énergie et d'enthousiasme. C'est une excellente nouvelle, mais il est de mon devoir de vous prévenir de l'apparition quasi inévitable de certains phénomènes liés à l'amplification de vos vibrations sonores.

## TURBULENCES

Comme je l'ai mentionné à la 3ᵉ leçon sur les Poupées rustre et lustre, nous avons appris à agir selon l'image que nous voulons projeter, plutôt qu'en fonction de notre nature véritable. La poupée lustre, c'est l'ensemble de nos cordes (maîtresses,

sympathiques et sensibles) dégagées de leurs conditionnements. La poupée rustre peut, quant à elle, être comparée à
une couche de rouille s'étant plus ou moins agglutinée autour
de vos cordes.

Le jour où vous prenez la décision de Vivre, avec un V
majuscule ; lorsque vous choisissez de poser un geste d'une
façon un tant soit peu différente de ce que vous aviez l'habitude de faire ; quand vous osez dévoiler au monde un peu plus
de votre belle lumière, la vibration nouvelle que cela provoque
à l'intérieur de vos cordes a pour effet de faire lever la rouille.
Parfois, ces plaques cristallisées tombent d'elles-mêmes, tout
doucement comme de vieux fruits mûrs ; parfois elles volent
en éclats, nous écorchant quelque peu au passage. D'où cette
petite phrase de David Ciussi, à laquelle vous pourrez vous
aussi vous accrocher comme à une bouée dans la tempête : « Ce
n'est pas le malheur qui revient ; c'est le passé qui s'efface. »

Il ne faut donc pas vous surprendre si votre nouvelle façon
de vibrer provoque de la turbulence dans certains secteurs de
votre vie, dépendamment de la ou des cordes concernées. Cela
peut par exemple déstabiliser votre entourage, habitué à inter-
agir avec vous d'une certaine manière. Cela peut vous déstabiliser vous-même, puisque vous perdez vos anciens repères.
Souvenez-vous alors des phases de mort et renaissance de la
libellule : vivre de grandes transformations nous conduit momen-
tanément en phase de deuil, puisque nous mourons à notre
ancienne façon d'être pour renaître à une nouvelle identité,
toujours plus près de notre véritable nature. Si vous ressentez
de la fatigue, à un certain stade de votre poussée de croissance,
respectez votre corps et votre psyché qui ont besoin d'un temps
d'intégration. Se métamorphoser, c'est extraordinaire, mais cela
peut aussi s'avérer essoufflant !

Votre nouvelle façon de vibrer peut également provoquer
des turbulences de type synchronique. Au moment où vous
êtes prêt à vous dégager d'une bonne couche de rouille, vous
avez tout à coup un accident, un proche décède, vous apprenez
que votre mari vous trompe, vous perdez votre emploi, vous

êtes forcé de déménager, etc. Comme si ces événements, aussi pénibles soient-ils, offraient une opportunité inouïe de faire peau neuve. Mais qu'est-ce que la synchronicité, au juste ?

## LES SYNCHRONICITÉS NE SONT PAS TOUJOURS ROSES

Je tape « synchronicité » sur mon clavier d'ordinateur et le dictionnaire intégré s'entête à le souligner en rouge, comme s'il était erroné. Ce mot ne fait toujours pas partie de la langue française. Pourtant, il est désormais répandu dans le langage populaire, probablement parce que de plus en plus de gens sont régulièrement témoins du phénomène dans leur vie. C'est Carl Gustav Jung qui a donné naissance à cette expression. Avec l'aide du physicien Wolfgang Pauli (avec qui il se lia d'amitié à la suite de nombreuses rencontres avec Albert Einstein), Jung a élaboré une théorie selon laquelle les synchronicités constituent des hasards signifiants pour la personne qui en est témoin. Pour lui, ces coïncidences prennent simplement tout leur sens lorsque nous leur accordons une valeur symbolique. Le psychologue Jean-François Vézina s'intéresse particulièrement à cette théorie. Dans *Les hasards nécessaires*[43], il précise que :

> « Les synchronicités se produisent plus fréquemment en période de tension psychique alors que la forme symbolique habituelle du rêve n'a pas réussi à se faire entendre. […] Par surcroît, le message doit être très important pour notre développement. La synchronicité vue sous cet angle n'est pas nécessairement un "cadeau magique", comme elle est parfois décrite dans le langage populaire. Encore que la souffrance peut être perçue comme une grâce. »

Depuis quelque temps, les ouvrages consacrés à l'influence de nos pensées sur les lois de la physique font un tabac en Occident. Nombreuses sont les personnes qui découvrent qu'elles peuvent attirer tel ou tel être humain, telle ou telle circonstance, tel ou tel objet matériel dans leur vie, par la seule puissance de leur psychisme. Pour l'avoir vécu moi-même à plusieurs reprises, je suis forcée d'admettre que l'on peut faire apparaître des coïncidences assez troublantes d'un point de vue rationnel, lorsqu'on commence à appliquer les mystérieuses règles de ce que certains appellent « la loi de l'attraction ». Reste que je suis maintenant portée à mettre certains bémols face à une telle simplification d'un phénomène aussi complexe. La vie peut indéniablement prendre des allures magiques, lorsqu'on se met sur le chemin de la découverte de soi et qu'on entame l'exploration de l'univers invisible dans lequel nous baignons et dont nous procédons. Cependant, il me semble que notre relation aux grandes lois de la vie ne devrait pas se limiter à faire apparaître une voiture toute neuve sous notre porche ou réciter des affirmations positives pour manifester le compagnon idéal dans notre vie. Cela a quelque chose d'un peu réducteur qui me tarabuste, depuis un certain temps.

## ET POURTANT...

Il est vrai que ces découvertes sont fascinantes. Probablement parce qu'elles font écho à un très fort pressentiment, chez plusieurs d'entre nous, selon lequel tout n'est pas que rationnel et logique dans la vie. Peut-être cet attrait correspond-il à une ouverture dans l'inconscient collectif, quant aux pouvoirs de l'intériorité par rapport à ceux de l'extériorité. (Un peu plus de Yin dans un monde très Yang...) De plus en plus de scientifiques audacieux, intuitifs et visionnaires tentent actuellement de faire le pont entre science et conscience, tout en observant une rigueur intellectuelle et une éthique personnelle certaines. C'est le cas pour le scientifique américain Gregg Braden, que j'ai eu la chance d'interviewer à deux reprises. Gregg Braden fut géologue et ingénieur informatique dans l'industrie aérospatiale avant de se mettre à parcourir le monde et l'histoire, à la recherche de précieux indices nous permettant de mieux comprendre la relation entre les humains et l'univers. Fasciné par les sagesses anciennes, comme celles des Tibétains ou des peuples autochtones, il se consacre désormais aux liens entre les découvertes de la science moderne et les connaissances issues des grands courants religieux du monde. Auteur de plusieurs livres à succès dont *La divine matrice*[44], qui porte spécifiquement sur notre pouvoir créateur, Braden soutient qu'il est désormais possible de comprendre la mécanique derrière les événements que nous attirons jusqu'à nous. Il n'est pas le seul à l'affirmer : le monde scientifique connaît en ce moment une profonde révolution. Voici un extrait de l'entrevue qu'il m'avait accordée à l'époque de la sortie de son livre *L'effet Isaïe*[45] :

« Certaines expériences ont commencé à ébranler toutes les fondations de la physique moderne. Les scientifiques ont entre autres identifié quatre grandes forces comme étant responsables de la Création, soit la force gravitationnelle, la force électromagnétique, l'interaction forte et l'interaction faible. [Pour expliquer ces deux dernières forces moins connues du grand public,] en quelques mots, disons que l'interaction forte est la force qui alimente les étoiles et l'interaction faible est celle qui permet aux atomes, aux systèmes solaires, à nos corps, etc. de garder leur cohésion. C'est cette force qui, en quelque sorte, permet de contrecarrer l'effet de la gravité. Donc, ces quatre grandes forces alimentent tout dans l'univers : les atomes, les protons, les arbres, les rochers, mais également les relations entre les êtres humains, les mariages, les divorces, les carrières, bref tout ce qu'on connaît. Ce que notre science moderne arrive ensuite à démontrer, c'est qu'à travers l'énergie de notre cœur, nous avons accès à au moins deux de ces quatre forces. Diverses expériences ont prouvé que nos émotions ont un lien direct avec l'énergie électromagnétique, ainsi qu'avec l'interaction faible. Par ailleurs, il existe des indications selon lesquelles nous pouvons avoir un effet sur la gravité. Je suis convaincu que les scientifiques pourront bientôt prouver que nous avons en fait accès à chacune de ces forces.

«Les dernières découvertes prouvent également qu'il existe un lien vibratoire entre chaque être humain et l'univers qui l'englobe. On a baptisé ce champ vibratoire "hologramme quantique". Chaque homme, femme et enfant ayant jamais foulé le sol de notre planète est littéralement relié à tout ce qui existe sur Terre et au-delà. Autrement dit, les émotions ressenties dans notre corps affectent jusqu'à un certain point les arbres, le sol sur lequel ils poussent, les matériaux dont sont constituées nos habitations, etc. Chaque individu émet une tonalité et lorsque nous nous retrouvons à plusieurs, disons deux millions de personnes dans une même ville, nous émettons une onde sonore qui se répercute dans le cosmos d'une manière que la science – depuis le milieu des années 80 – commence à peine à comprendre. […] C'est ce qui permet aussi aux miracles de se produire. L'hologramme quantique porte en lui tous les possibles. Il contient toute l'histoire de la matière, passée et présente. Tous les possibles sont comme des plans et devis, déjà existants mais endormis, que nous éveillons quand notre cœur ressent ce que nous choisissons de vivre, que ce soit la santé, la joie, la colère, la rage, la haine, etc. Tout ce que nous portons en notre cœur est le langage nous reliant à la Création. Si on y pense bien, cela signifie que dans notre quotidien, chaque instant de notre vie est une prière, parce qu'à chaque instant, nous ressentons quelque chose. Chaque instant de notre vie est une conversation avec Dieu. Et cela, les traditions anciennes le savaient! Dans son langage moderne, la science pensait nous révéler quelque chose de nouveau, mais en réalité, elle n'a découvert jusqu'à maintenant que les différentes parcelles d'une compréhension globale qui nous accompagne depuis la nuit des temps[46]. »

## THÉORIE DES CORDES

Lorsqu'on entre dans le domaine de la physique moderne, il faut avouer que si l'on ne possède pas soi-même un minimum de connaissances sur le sujet, on peut vite y perdre son latin. Il est toutefois amusant de noter qu'il existe même désormais une théorie dont le vocabulaire rappelle étrangement le concept du sitar. La théorie des cordes (il en existe aussi une nouvelle, dite «des supercordes») avance que les éléments constituant notre univers sont en fait interreliés par des sortes de cordes vibratoires infiniment plus petites que les atomes. Dans un article de vulgarisation scientifique qui lui a valu un prix de l'Association canadienne-française pour l'avancement des sciences, Michel Gagnon, docteur en physique des hautes énergies, nous apprend que :

> «La théorie la plus prometteuse pour unifier la matière et les interactions, la théorie des cordes, laisse présager des développements qui vont bien au-delà de toute imagination. [...] Les théories qui ont précédé la théorie des cordes nous présentaient les particules élémentaires comme des objets ponctuels sans dimension et caractérisés par une masse donnée. Maintenant, ces particules sont plutôt représentées par des cordes extrêmement petites, cent milliards de milliards de fois plus petites qu'un noyau d'hydrogène. [...] Comme les cordes d'un violon, ces minuscules cordes peuvent vibrer à différentes fréquences appelées *résonances*. On explique donc la grande variété de particules connues par l'association à chaque type de particules d'une certaine résonance de la même corde microscopique[47].»

Bref, il est intéressant de constater que tout est question de résonance et d'interrelation. La science commence à pouvoir l'affirmer; les traditions religieuses le pressentaient depuis toujours. Vraiment, c'est une superbe rencontre, entre le Yang à l'esprit scientifique cartésien et le Yin avec sa connaissance intuitive.

## COÏNCIDENCES

Ainsi donc, ce qui vibre en nous aurait une incidence sur la matière. Comme je le mentionnais plus tôt, il ne faut pas être naïf et ne s'attendre qu'à une suite d'événements agréables et faciles, dès lors que nous commençons à nous aligner sur notre voie véritable. Il ne s'agit pas non plus d'être défaitiste et de refuser l'évolution, par peur des turbulences qui pourraient survenir. Tous ceux qui ont un jour osé devenir de plus en plus eux-mêmes et faire ce qu'ils aimaient vous le diront sans la moindre hésitation : « Mon parcours n'a pas toujours été de tout repos, mais les récompenses ont été grandes et jamais plus je ne reviendrais en arrière. »

Ces récompenses, elle peuvent effectivement prendre la forme de nouvelles bagnoles apparaissant presque comme par magie dans notre garage, d'opportunités incroyables survenant au moment où on ne s'y attendait plus ou de rencontres miraculeuses qui viendront changer le cours de notre existence. C'est ce que David, mon mentor, appelle le « cadeau caché » à l'issue d'un grand mouvement de transformation. Ces miracles et les signes qui les accompagnent (quand on se met à leur écoute) sont souvent spectaculaires. Ils confèrent de la magie à la vie. Que serait l'existence, sans cette magie ? Que serait l'existence sans l'espoir de tous les possibles ? Mais aussi, que serait la vie, sans la certitude que quelque chose/quelqu'un de plus grand que nous est là qui veille, dans la plus intime des Intimités, nous guidant et nous attirant vers la paix et la joie véritables auxquelles nous aspirons tous profondément ? Mais cela, nous en parlerons au prochain chapitre…


## ABONDANCE

Il semble que nous pouvons bel et bien nous relier au grand hologramme quantique et agir en cocréation avec l'univers pour vivre une vie d'abondance. On dirait bien que quand nous vibrons de toutes nos cordes (et de toutes nos supercordes !), nous pouvons attirer vers nous les circonstances propices à notre développement et à une vie plus abondante. Mais encore faudrait-il réfléchir à ce qu'est véritablement l'abondance, si c'est ce que nous souhaitons obtenir.

Avouons-le, dès que nous entendons le mot abondance, nous y apportons automatiquement une connotation matérielle. Des études démontrent qu'en dessous d'un certain seuil de revenus, il est effectivement difficile de se sentir heureux. Par contre, au-delà de ce niveau de confort, c'est une tout autre histoire. Selon des chercheurs de l'université Princeton, il n'y a quasiment pas de relations entre le sentiment de bonheur éprouvé et le revenu, à partir d'un certain niveau salarial. (En 2006, le seuil de pauvreté aux États-Unis se situait à 20 000$ par an – en dollars américains – pour une famille de quatre personnes et de 9 800$ par an pour un individu.) Ces mêmes chercheurs ont observé que lorsque nos revenus augmentent, nous nous adaptons à notre nouveau style de vie. La richesse matérielle aurait peu d'effet à long terme sur le bonheur général après qu'un certain niveau de consommation soit atteint[48].

Par ailleurs, nous connaissons tous des tas de gens qui en principe auraient « tout pour être heureux » et qui pourtant se sentent frustrés, dépressifs ou complètement prisonniers du cercle vicieux de leurs excès : excès de travail, de drogues, de consommation, de sensations fortes, voire même excès de regrets ou d'espoirs. Chaque fois, l'erreur est la même : chercher notre bonheur à l'extérieur et hors de l'instant présent. Matthieu Ricard décrit ainsi notre quête d'intensité erronée :

> « Il nous faut vivre intensément, mais cette intensité est entièrement liée au monde extérieur, aux sensations visuelles, auditives, gustatives, tactiles et olfactives. Quand nous nous intéressons à l'intérieur, il s'agit de rêveries, de fantasmes : on ressasse le passé, on se perd dans la vaine imagination du futur. Est-ce vraiment cela qui fait la richesse de notre existence ? N'est-il pas naïf

de croire qu'une telle fuite en avant peut en assurer la qualité ? Un véritable sentiment de plénitude associé à la liberté intérieure offre lui aussi une intensité de chaque instant, mais d'une qualité tout autre. C'est un scintillement vécu dans la paix intérieure, où l'on est capable de s'émerveiller de la beauté de chaque chose[49]. »

Cultiver notre lumière et la faire rayonner est un mouvement de l'intérieur vers l'extérieur. Notre intervention dans le monde de la matière est alors source de joie et de liberté. Puisque ce mouvement est investi de sens, nous donnons forcément ce que nous avons de plus beau et nous recevons automatiquement en abondance. Cette abondance est en lien direct avec vos cordes maîtresses et elle est particulièrement délectable et stimulante lorsqu'elle vibre en fonction de vos essences, vos passions et vos valeurs. Si vous êtes un Analytique (au sens où je l'entends dans la 6e leçon sur les essences types), vous serez comblé de vos nouvelles découvertes toujours plus fascinantes et de vos solutions stratégiques inventives. Si vous êtes un Altruiste, vous déborderez de tout l'amour que vous serez enfin en mesure de partager. Si vous êtes un Manuel, vous serez aux anges dans l'accomplissement de tous vos chefs-d'œuvre. Si vous êtes un Financier, les questions d'argent n'auront plus de secret pour vous et cela vous procurera un sentiment d'accomplissement certain. Cela ne signifie pas que seuls les financiers pourront devenir riches, mais puisque l'argent fait partie intégrante de leur chemin de réalisation, ils seront plus susceptibles d'en brasser en grande quantité. Cela dit, tout le monde a droit à son seuil de confort matériel, mais passé ce seuil, que vous soyez financier ou non, votre sentiment d'abondance proviendra du fait de pouvoir vibrer de tout votre être.

Si vous acceptez de faire jaillir votre beauté intérieure, il arrivera un moment où vous deviendrez tout simplement riche de vous-même. Ce type de richesse n'a rien à voir avec l'accumulation, l'égoïsme ou l'isolement. Il est intrinsèquement lié au partage, à la relation. Rien n'est statique. Tout est en mouvement. Quand nous parvenons à trouver une forme de fluidité dans la danse du donner et recevoir, nous exultons. Une harmonie se crée entre notre vie intérieure et le monde extérieur. Si un obstacle se présente, nous nous retroussons les manches et nous entrons dans le jeu avec une confiance accrue en nos moyens. Ce qui se produit alors, c'est l'effacement de notre petit moi et de ses préoccupations triviales. Puisque nous nous sentons nourris de l'intérieur, nous n'avons plus autant besoin d'épater la galerie par nos prouesses. Nous n'avons pas peur, non plus, de nous montrer tels que nous sommes. Nous éprouvons la joie de nous situer, tout simplement et humblement, à la jonction de notre création et de la Création. Nous faisons ce qu'il y a à être fait avec la légèreté de l'enfant et la force tranquille acquise avec l'âge.

# 13ᵉ leçon

# La corde du Silence habité :
# à la découverte de votre axe vertical

*« Ainsi, veille, disciple de la vie,
chrysalide d'un ange,
travaille à ton éclosion future. »*

HENRI-FRÉDÉRIC AMIEL

Où tout cela vous mènera-t-il, maintenant ? Que vous procureront ces différentes leçons de sitar ? Le bonheur de vous abandonner à vos plus beaux *ragas*, je l'espère. Mais il me reste encore une notion à aborder. Avec tous les sages que j'ai eu la grâce de rencontrer, il me semble que je commettrais un grave impair si je ne tentais pas de vous mettre un tant soit peu sur la piste de votre « axe vertical ». D'un côté, je ressens le devoir de le faire et de l'autre, je me demande bien comment j'y parviendrai, tant mon expérience de la verticalité est encore en pointillé, par rapport à ce que j'ai pu observer chez ceux qui la vivent en permanence. Enfin, tentons tout de même notre chance et faisons confiance à l'inspiration.

Jusqu'à maintenant, je vous ai appris à mettre en valeur vos cordes maîtresses afin de stimuler tout ce qu'il y a de plus beau en vous. Vous avez vu qu'il était également utile d'ajuster vos différentes cordes (maîtresses, sensibles et sympathiques) afin de pouvoir vibrer de plus en plus librement. Ainsi, quelque chose commence à se dégager au centre de vos cordes. Bientôt, vous deviendrez plus lumineux et les autres le remarqueront.

Non seulement les cœurs ouverts apprécieront-ils votre authenticité, mais ils auront envie de profiter des effets bienfaisants qu'ils ressentent en votre compagnie. Vous vous sentirez plus vivant, le souffle (l'énergie de vie, *Chi* pour les Chinois, *Prana* pour les Indiens) circulera de plus en plus puissamment dans votre corps, ce souffle-là étant ce sur quoi tout véritable thérapeute devrait d'ailleurs se concentrer :

> « Guérir quelqu'un, c'est le faire respirer : "mettre son souffle au large" (sens du mot "salut" en hébreu) et observer toutes les tensions, blocages et fermetures qui empêchent la libre circulation du souffle, c'est-à-dire l'épanouissement de l'âme dans un corps[50]. »

Extirpé de vos anciennes prisons, il vous sera plus facile de vivre dans l'instant présent. Tout à coup, vous découvrirez en vous-même un *espace* vivant et libre vous permettant de danser avec la vie. Vous vous sentirez si bien que vous n'aurez plus envie de laisser l'extérieur ternir ou polluer cette délicieuse clarté régnant au cœur de votre être. C'est ce que décrit à sa façon Victor Frankl dans cette courte envolée philosophique :

> « Entre stimulus et réponse se trouve un espace. Dans cet espace se trouvent notre liberté et notre pouvoir de choisir notre réponse. Dans notre réponse se trouvent notre croissance et notre liberté[51]. »

Cette recherche constante d'une juste tension de vos cordes vous obligera à devenir vigilant et attentif quant à votre vérité de l'instant et à plonger toujours plus profondément en vous-même. Le prétexte de votre action dans le monde extérieur sur le plan horizontal, vous conduira éventuellement à une toute nouvelle corde cachée dans un axe vertical, une corde silencieuse, mais d'un « silence habité ».

Le contact avec la nature est prodigue en matière d'expériences verticales où rien n'est appréhendé par le mental, mais plutôt par le simple fait d'être en Présence. Ces moments où le temps s'arrête et où vous ne ressentez plus qu'une douce connexion avec ce qui est, vous en avez déjà sûrement goûté la saveur. Avez-vous déjà ressenti une sorte de communion magique avec le divin, en observant, étendu sous un arbre, le jeu des rayons chatoyants du soleil à travers les feuilles qui s'agitaient délicatement dans le vent? Vous est-il déjà arrivé de contempler un paysage au sommet d'une montagne et de n'avoir plus besoin de penser à quoi que ce soit; juste de ressentir la sérénité de cet instant simple de paix et d'harmonie? Certains grands penseurs appellent cela l'expérience numineuse.

> « Le numineux est, selon Rudolf Otto et Carl Gustav Jung, ce qui saisit l'individu, ce qui venant "d'ailleurs", lui donne le sentiment d'être dépendant à l'égard d'un "tout autre[52]". »

Dans une très belle interview réalisée par le magazine *Nouvelles clés*, Jacques Castermane, l'élève bien-aimé du grand sage d'origine allemande Karlfried Graf Dürckheim, raconte un tel moment de connexion sacrée vécu avec son maître :

> « [Graf Dürckheim] aimait être accompagné pour une promenade qu'il affectionnait tout particulièrement. Je l'accompagnais dans cette allée majestueuse de la Forêt-Noire lorsqu'il m'invite à arrêter. "Restons ici un moment en silence. Écoutez… écoutez le silence de la forêt." Nous sommes restés de longues minutes, sans le moindre mouvement, à l'écoute… "Vous entendez? Il y a les oiseaux qui chantent, le bruit du vent entre les arbres… mais écoutez… derrière ces bruits il y a le silence, le grand Silence qui est langage de l'Être…" Nous avons ensuite repris notre promenade sans mot dire. Et je sentais Graf Dürckheim plein de cette expérience numineuse[53]. »

## DANS L'INTIMITÉ DE L'ÊTRE

Ces images de sveltes mannequins en posture de méditation parfaite sur les boîtes de céréales me font sourire. Le corps est bien droit, le visage adopte une apparence sereine, mais il est si évident que ces méditants publicitaires prétendent à quelque chose qui n'a rien à voir avec le fait de garder la pose. La méditation, ce n'est pas se dire : « Voilà. Je suis en paix sur mon coussin. Je décide d'être zen. » La véritable méditation peut se vivre en tout lieu et à tout instant, dès lors que l'on fait coïncider en soi-même horizontalité et verticalité. Lorsque la conscience s'installe dans le corps, nous pouvons entrer en intimité avec Dieu, la Vie, le Souffle, l'Être, le Champ unifié... choisissez le terme qui vous convient le mieux. Où cette intimité se vit-elle, précisément ? À partir du cœur, semble-t-il. En tout cas, certainement pas par le biais du mental. Le passage entre le visible et l'invisible s'effectuerait-il par ce fameux « cerveau dans le cœur » dont parlent désormais les neuroscientifiques ? Grâce à cet outil perfectionné palpitant au centre de notre être, serions-nous en mesure de percevoir la Vérité en toute conscience ?

> « "Mais alors, qu'est-ce que la conscience ?" se demande Annie Marquier. Cette question se pose à l'être humain depuis des millénaires. En fait, *conscience et capacité de perception de la réalité sont intimement liées.* Notre langage habituel lui-même le révèle. Être conscient de quelque chose, c'est être capable de le percevoir clairement. Or, nous avons vu qu'il existe différentes façons de percevoir la réalité provenant de différents circuits de l'information, l'un primaire et automatique, l'autre supérieur[54], permettant une perception beaucoup plus claire, plus "consciente[55]". »

Lorsque nous lui avons demandé de pondre un texte sur le thème de l'intuition, voici ce que mon cher mentor, David, écrivit pour sa part :

« Lorsque je suis dans l'intuition de l'instant présent, je me sens unifié, en paix ; chaque arbre, chaque oiseau, chaque lac ou montagne devient comme un temple où il fait bon remercier dans le silence. Ici, le temps ne passe pas, il s'éternise en rendez-vous intimes et, chose étrange, les souffrances ont disparu. Ma présence est d'une précision absolue et j'écoute la symphonie de la vie comme on écoute du Mozart, mais sans en connaître le nom. […]

« [Celui qui s'émerveille d'exister] ne cultive ni les pouvoirs, ni les miracles à l'extérieur, mais ressent l'unicité de l'Univers dans son corps. L'accent est mis sur les qualités de tranquillité et d'équanimité ; il reste ouvert, relié et dynamique. Son esprit est libéré, ses sens apaisés, il est libre de ne plus s'inquiéter et de ne rien savoir. Il n'est pas un sot ou un niais, mais un *émerveillé* totalement réconcilié avec lui-même et les autres. Il renaît à chaque instant et favorise ainsi la transformation au gré des choses et des situations qui se présentent à lui. Il est le spectateur des forces de la vie dans l'intuition bouleversante et mystérieuse du miracle d'exister[56]. »

## L'ÉVEIL SPIRITUEL

Mon souhait, c'est que chacun d'entre vous puissiez trouver un peu plus d'estime de vous-même et de joie de vivre, en apprenant à vibrer de toutes vos cordes. Il me semble que cela pourra vous donner de la force, vous mettre debout sur votre propre chemin, afin d'être ensuite davantage en mesure d'explorer votre corde du Silence habité. À partir d'ici, je ne puis plus grand-chose pour vous. Je dois passer le témoin à ceux qui ont définitivement trouvé le chemin de l'éveil spirituel. Qu'est-ce qu'un éveillé ? Eh bien, pour avoir lu et fréquenté quelques-uns de ces êtres d'exception, ce qu'ils vivent désormais ressemble passablement à ce que vient de décrire David au paragraphe précédent. Chacun, en ses propres mots, en revient toujours à ces mêmes thèmes : conscience pure, instant présent, unité...

Généralement, lorsque nous entrons sur le chemin de l'éveil, nos brèves expériences d'unité se succèdent sur une période de plusieurs années et s'accumulent dans un lent processus de métamorphose jusqu'à un point de bascule où le sujet n'est plus obnubilé par les impressions du monde extérieur, mais immergé d'abord et avant tout dans le grand océan de la Conscience. Il ne « dort plus » ; il est constamment éveillé à la réalité fondamentale, à la source première de toute chose, accessible en tout temps à celui qui accepte de simplifier son regard.

Que de flaflas nous recherchons au départ de la quête spirituelle ! La réponse est si simple que nous la repoussons sans cesse. Nous espérons « obtenir un peu plus de viande sur notre os » en nous approchant des sages qui nous chantent sur tous les tons, avec une patience d'ange, que tout ce qu'il y a à faire pour être véritablement en paix et heureux, c'est d'être tout à fait soi-même et d'entrer dans l'intimité de l'instant présent. Jean Bouchart d'Orval précise :

> « C'est dans un regard simple qu'a toujours surgi l'éveil ; ceux en qui il s'est produit ont formulé quelque chose de résolument plus vivant et bouillonnant que les ritualismes vides qui avaient cours de leur vivant et les altérations que des hommes de peu d'envergure ont ensuite fait subir à cette formulation. Les vrais dépositaires de la Tradition ont souvent l'air antitraditionnels aux yeux de leurs contemporains et ils ne fondent jamais de religion.
>
> « Les conditionnements de notre mémoire sont colossaux. Ce n'est pas une nouvelle théorie ni un vague titillement de la conscience qui risquent d'ébranler ces nœuds mentaux et nous permettre de vivre la spontanéité, c'est-à-dire refléter la liberté, la joie et la beauté

de l'existence. Seul un coup de foudre peut y arriver, comme lorsqu'on tombe amoureux. Mais que peut-on faire pour tomber amoureux, sauf regarder pour la première fois[57] ? »

## LE PARADIS AU CŒUR DE L'ENFER

Lorsqu'on se tient au cœur du cœur de notre être, le Silence habité nous berce tout à coup et nous n'avons besoin, pour être heureux, de rien d'autre que le fait d'être vivant. Nous sommes parfaitement contentés et tout est éminemment paisible. Ce n'est pas un état qui se traque par un geste de la volonté. C'est plutôt un saisissement discret au moment où quelque chose coïncide entre notre présence et la Présence. C'est là le sens véritable du symbole de la croix dans la mystique chrétienne : l'axe horizontal rencontrant l'axe vertical ; la matière transcendée ; le corps devenant pur réceptacle du divin. Ces saisissements ne surviennent pas seulement dans les moments de paix. Parfois, ils nous surprennent au beau milieu d'un enfer personnel.

L'un de mes amis m'a déjà raconté avoir vu sa mère accéder à un état de béatitude (un état d'unité profonde avec Dieu, la Vie, le Souffle, etc.) au moment où elle venait d'apprendre la mort subite de sa fille, âgée d'une dizaine d'années. Alors qu'elle croyait elle-même mourir de chagrin, un espace indescriptible de paix et d'intimité avec le divin s'est emparé d'elle. Paraît-il qu'elle s'en est longtemps voulu par la suite. Comment accepter la félicité, quand pleurer et se révolter contre l'injustice sont ce qui semble aller de soi ? C'est une religieuse à qui elle s'en était confiée qui l'aurait aidée à faire la paix avec cette étrange expérience.

Comprenez bien que ce n'est pas l'extérieur en tant que tel qui vient créer de la pollution en nous. C'est plutôt notre interprétation face à ces événements qui leur donne une emprise.

Dès qu'on juge, dès qu'on refuse ce qui est, on se retire de notre relation avec le mouvement de la vie. «Les pires tempêtes n'affectent pas la surface de l'océan», affirme Arnaud Desjardins.

> «En demandant que, dans l'immédiateté de l'instant, la situation soit autre qu'elle n'est, nous demandons l'impossible. Est-ce intelligent? Et si une situation vous révolte, acceptez-la d'abord pour avoir une chance de la comprendre et non pas vouloir d'abord la comprendre pour pouvoir l'accepter[58].»

Paradoxalement, nos souffrances semblent être comme un écrin à l'intérieur duquel peut surgir le numineux. Comme si elles agissaient en tant que force de compression suscitant l'émergence de la conscience de l'Être. Deux femmes exceptionnelles en témoignent de façon éloquente dans leur journal intime aujourd'hui publié à grande échelle. La première s'appelle Christiane Singer. Cette grande écrivaine dont la profondeur spirituelle n'avait d'égal que son immense passion pour la vie nous a quittés subitement au printemps 2007, où je rédige ces lignes. Après avoir appris qu'elle souffrait d'un cancer et qu'elle n'en avait plus que pour six mois à vivre, cette femme que j'aurais beaucoup aimé rencontrer (je m'y préparais, mais sa maladie nous a tous pris de court) a choisi de rédiger le carnet de bord de ses derniers moments intitulé *Derniers fragments d'un long voyage*. Cet ouvrage que l'on dévore d'une traite nous laisse deviner les supplices que Christiane Singer a dû endurer tandis que la maladie rongeait son corps tout entier. Tantôt, elle avoue sa souffrance avec candeur, puis l'amour et la grâce finissent toujours par prendre le dessus, avec une stabilité grandissante à mesure que la fin approche :

> «La souffrance physique. Ses abysses, impossible de se l'imaginer. Impossible. Aucune compassion aussi forte soit-elle ne l'atteint, il faut l'avouer! J'ai été vaincue à plate couture. Je n'ai rien à prouver à personne,

et pourtant je ressors entière et lumineuse : je n'ai pas perdu dans tous ces *salto mortale*, ces chutes libres, ces dégringolades vertigineuses, le fil de la Merveille. Je n'ai pas perdu le fil de la Merveille. [...] Mon expérience est [qu'on peut en sortir vivant] et que, guérie ou non guérie, je suis dans la pulsation de la vie. Elle est si intense que je la sens dans mes doigts en écrivant : j'ai vu ce que je voulais voir et je suis comblée. C'est tout. J'ai fait du lieu où je me tiens un haut lieu d'expérimentation du vivant[59]. »

Etty Hillesum, quant à elle, nous transporte dans l'absurdité et la cruauté de la Deuxième Guerre mondiale. Cette jeune néerlandaise d'origine juive est morte à Auschwitz, à l'âge de 27 ans. Les lettres admirables qu'elle fit parvenir à ses amis depuis le camp de transit de Westerbork décrivent bien ce sentiment de liberté et de paix que rien ni personne ne peuvent nous enlever, lorsque nous restons ancrés au cœur de l'être :

« Oui, la détresse est grande, et pourtant il m'arrive souvent, le soir, quand le jour écoulé a sombré derrière moi dans les profondeurs, de longer d'un pas souple les barbelés, et toujours je sens monter dans mon cœur – je n'y puis rien, c'est ainsi, cela vient d'une force élémentaire – la même incantation : la vie est une chose merveilleuse et grande.

« Après la guerre, nous aurons à construire un monde entièrement nouveau et, à chaque nouvelle exaction, à chaque nouvelle cruauté, nous devrons opposer un petit supplément d'amour et de bonté à conquérir sur nous-mêmes. Nous avons le droit de souffrir, mais non de succomber à la souffrance. [...] C'est pourquoi je vous crie : tenez fermement vos positions intérieures une fois que vous les avez conquises, et surtout ne soyez pas tristes ou désespérés en pensant à moi, il n'y a vraiment pas de quoi[60]. »

Et me voici qui enchaîne bien humblement mes mots à ceux de Etty, ressentant une immense gratitude du fait de pouvoir vous transmettre une parcelle du soleil qui illumine de plus en plus mon cœur. Ce monde nouveau dont parle Etty Hillesum, nous pouvons le construire à chaque instant. Nul ne peut prendre tout le sort du monde sur ses épaules, mais chacun d'entre nous peut contribuer à sa transformation en mettant ses talents et son rayonnement au service du tout.

Combien sommes-nous en ce moment sur terre à déambuler discrètement dans les couloirs des hôpitaux, le long des clôtures barbelées, dans le silence des forêts ou le tohu-bohu des mégalopoles, à dire *Merci* malgré la folie des hommes et l'incertitude quant à l'avenir de notre belle planète bleue ? Étrange paradoxe... Envoûtant paradoxe... La vie est belle. Je peux moi aussi maintenant vous l'assurer. Puissiez-vous à votre tour le découvrir.

# Annexe

# Exemples d'ajustement de cordes

Les explications complètes concernant l'ajustement des cordes (en particulier des cordes sensibles) sont données à la leçon 9. Les exemples suivants sont tirés de cas vécus en atelier. Il est très important de vous rappeler que les mots choisis sont en lien direct avec la personne concernée. Ils peuvent vous servir de référence, mais il importe de bien identifier les mots qui résonnent particulièrement pour vous.

## 1er cas :

Cette personne se faisait souvent dire, quand elle était petite, qu'elle était « collante » lorsqu'elle cherchait à obtenir des câlins. À la question « Quel serait pour vous tout le contraire d'une personne collante ? », elle a répondu en souriant : « Une personne plutôt distante et méfiante... comme celle que je suis devenue ! » Nous sommes donc parties des mots « distante et méfiante » pour identifier le juste milieu. Dans un deuxième temps, puisque c'est l'aspect « collante » qui s'est retrouvé négligé dans la vie de la participante, nous avons donc tenté de découvrir la polarité cachée qu'il renfermait.

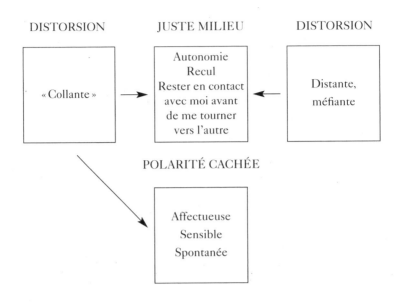

2ᵉ cas :

Durant son enfance, cet homme se faisait souvent dire de cesser de « faire le clown ». Devenu adulte, il n'osait plus révéler son sens de l'humour. Voici comment nous avons décliné ces différents éléments :

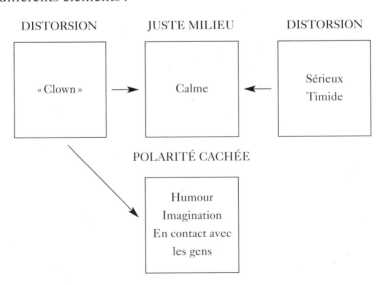

3ᵉ cas :

La femme suivante se faisait souvent dire qu'elle était sérieuse et sage, lorsqu'elle était petite. Jusqu'à ce qu'elle participe à l'atelier, elle n'avait jamais réalisé que son côté rebelle, développé à l'adolescence, provenait probablement de là. Aujourd'hui, sa corde sensible se traduisait par un important besoin de se démarquer par la fantaisie, ce qui était notamment visible dans son style vestimentaire. La polarité cachée suggérait qu'un peu d'humilité, d'écoute et de sagesse lui permettrait d'être moins en réaction par rapport à certains irritants extérieurs.

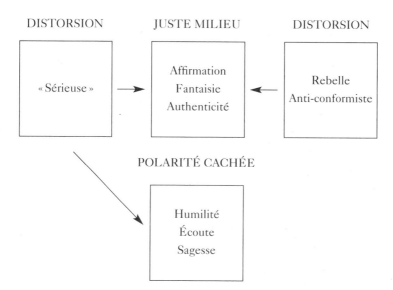

4ᵉ cas :

Cette autre femme a eu l'impression de bien déranger les adultes avec ce qu'ils appelaient ses « plans de fou ». Lorsqu'on lui demandait ce que la petite fille faisait, à cette époque, pour entendre cette remarque, c'était son côté fonceur et créatif qui cherchait à s'exprimer. Avec le temps, ce trait de caractère s'était atrophié au profit d'une grande discipline personnelle. Cette femme était donc devenue perfectionniste et très performante, ce qui l'avait d'ailleurs conduite jusqu'au *burnout*. Elle avait également tendance à réagir face aux « paresseux et aux gens qui manquent de discipline », affirmait-elle.

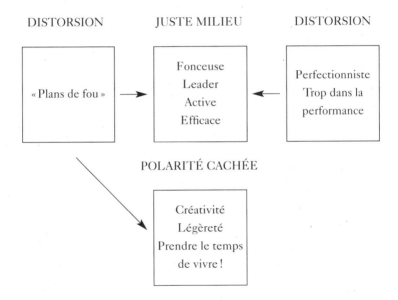

DISTORSION          JUSTE MILIEU          DISTORSION

« Plans de fou »

Fonceuse
Leader
Active
Efficace

Perfectionniste
Trop dans la
performance

POLARITÉ CACHÉE

Créativité
Légèreté
Prendre le temps
de vivre !

# 5ᵉ cas :

Ici, notre participant avouait d'emblée avoir souffert toute sa vie du «syndrome du bon gars». Quand il était petit, on renforçait constamment cette image du bon petit garçon et aujourd'hui encore, les éloges qu'on lui faisait le plus souvent concernaient sa gentillesse, sa douceur et son sens des responsabilités. Le problème, c'est qu'il se faisait souvent piéger par sa bonté, incapable de dire non à qui que ce soit. Quand on lui demandait quel était tout le contraire d'une personne gentille et responsable, il répondait : «arrogante et irresponsable»; ajoutant qu'il avait du mal à supporter les personnes «marginales».

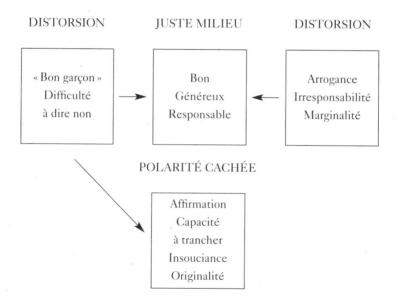

DISTORSION        JUSTE MILIEU        DISTORSION

| « Bon garçon » Difficulté à dire non | Bon Généreux Responsable | Arrogance Irresponsabilité Marginalité |

POLARITÉ CACHÉE

| Affirmation Capacité à trancher Insouciance Originalité |

## 6ᵉ cas :

Ici, la dame se souvenait d'une expression qui revenait souvent dans la bouche de ses parents à son égard : « Tiens ! Voilà encore notre petit officier rapporteur ! » Lorsqu'elle était enfant, cette femme aimait bien savoir tout ce qui se passait autour d'elle et le communiquer aux autres. « Je l'avoue », dit-elle, « je peux encore être plutôt fouineuse. » Lorsqu'on lui demande ce qu'elle aime ou ce qui s'anime en elle, lorsqu'elle fait vibrer cette corde, elle répond : « Je me soucie des autres et je trouve important d'être en communication avec les gens. » Ce qu'elle déteste chez les autres est justement à l'opposé de cette façon d'être : « J'ai une dent contre les boudeurs, les personnes renfermées et froides ! » Après avoir pesé le pour et le contre ensemble, nous avons conclu que développer l'intériorité, l'intégrité et la concentration pourrait l'aider à trouver un meilleur équilibre dans sa vie et à ne plus être autant affectée par les personnes qui lui paraissaient renfermées et froides.

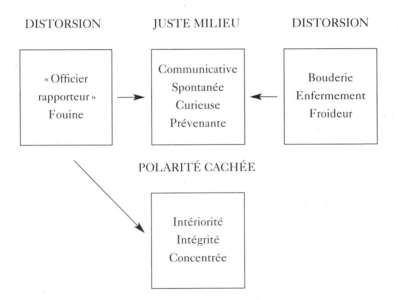

DISTORSION          JUSTE MILIEU          DISTORSION

| « Officier rapporteur » Fouine | Communicative Spontanée Curieuse Prévenante | Bouderie Enfermement Froideur |

POLARITÉ CACHÉE

| Intériorité Intégrité Concentrée |

7ᵉ cas :

Ici, nous avons commencé notre exploration avec la valeur « générosité » que la personne plaçait au premier plan dans sa vie. Cette participante avouait d'emblée s'être trop souvent retrouvée dans la position du sauveur qui en fait beaucoup trop pour les autres. Jamais elle n'aurait pu se montrer égoïste ou manquer d'empathie à l'égard de qui que ce soit. Nous avons conclu que cette dernière zone de distorsion avait pour polarité cachée les notions de fidélité et d'empathie envers soi-même, de même que la nécessité de passer en premier dans notre propre vie. En activant les qualités de la polarité cachée, cette femme aura toutes les chances de mieux équilibrer sa nature généreuse.

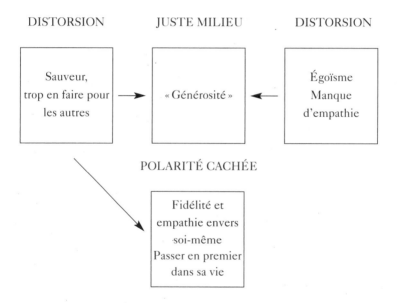

# NOTES

1. Corneau, Guy, « Autonome et comblé », propos recueillis par Marie-Josée Tardif, Magazine *Vivre*, vol. 4, n° 4, mars 2005.

2. Si vous traversez actuellement une telle phase de transition, j'aimerais vous recommander tout particulièrement l'excellent ouvrage de Jean Monbourquette, *Aimer, perdre, grandir* (Éditions Bayard). M. Monbourquette, prêtre catholique et psychanalyste respecté, a lui-même formé plusieurs thérapeutes pour l'accompagnement dans le processus de deuil, qu'il s'agisse de la mort d'un proche, la perte d'un emploi, un divorce, etc.

3. Vézina, Jean-François, *Les hasards nécessaires : La synchronicité dans les rencontres qui nous transforment*, Montréal, Éditions de l'Homme, 2001. Extrait de la préface de Michel Cazenave.

4. Écrit par Éric Emmanuel Schmitt, chez Albin Michel, et réalisé par François Dupeyron dans sa version cinématographique.

5. Propos recueillis sur le site Internet de Zig-Zag Territories, Producteur d'albums et promotion d'artistes de musique classique.

6. Lévy, Bernard-Henry, *Réflexions sur la guerre, le mal et la fin de l'Histoire*, Biblio Essais, 2003.

7. Osho, Rajneesh, *Tarot zen*, illustré par Ma Deva Padma, La Ferté Alais, France, Éditions du Gange, 1994.

8. Servan-Schreiber, David, *Guérir le stress, l'anxiété et la dépression sans médicaments ni psychanalyse*, Paris, Robert Laffont, 2003.

9. Capite Corpus, *Présentation de la cohérence cardiaque*, Site Internet : http://www.capitecorpus.com/outils-et-methodes/coherence-cardiaque.html

10. Ricard, Matthieu, *Plaidoyer pour le bonheur*, Paris, Nil éditions, 2003.

11. Entrevue diffusée à Radio Ville-Marie (91,3 FM Montréal) pour la première fois le 19 mars 2007.

12. Marquier, Annie, *Le maître dans le cœur*, Knowlton, Qc, Éditions Valinor, 2007.

230   LA LEÇON DE SITAR

13. *Le pouvoir du moment présent* et *Nouvelle terre* sont publiés aux Éditions Ariane.

14. Cette entrevue est parue dans le magazine *Vivre*, en janvier 2006.

15. Allocution prononcée à l'Oratoire Saint-Joseph de Montréal, le 26 août 2005.

16. Le livre *Les combinaisons alimentaires – Tome 2* (Éditions AdA, 2003) a reçu une mention du Gourmand World Cookbook Award, dans la catégorie du meilleur livre de santé et nutrition.

17. Pour plus d'information : Labonté, Marie-Lise, *Au cœur de notre corps : se libérer de nos cuirasses*, Montréal, Éditions de l'Homme, 2006.

18. Pour en savoir plus long sur mon amie la fée des rêves et sur son école : www.nicole-gratton.com

19. Labonté, Marie-Lise, *Les familles d'âmes*, Loretteville, Qc, Le Dauphin blanc, 2002.

20. Entrevue diffusée à Radio Ville-Marie, op. cit.

21. MacLean, Paul D., *Les trois cerveaux de l'homme*, Paris, Robert Laffont, 1990.

22. Languirand, Jacques, chronique sur le cerveau triunique, *Guide Ressources*, vol. 6, n°6, juillet 1991.

23. Flaumenbaum, Danièle, *Femme désirée, femme désirante*, Paris, Payot, 2006.

24. Si vous voulez apprendre à analyser vos rêves par vous-même, je vous recommande chaudement *L'art de rêver*, de Nicole Gratton (Flammarion Québec, 2003).

25. Tiré de «La méditation bouddhique, une voie vers la libération de l'esprit» par le Dr Trinh Dinh Hy, dans *BuddhaLine*, magazine sur Internet, décembre 1998, http://www.buddhaline.net/spip.php?article786

26. Les kibboutzim («kibboutz», au singulier) sont des villages communautaires. Ils furent créés par les colons juifs à leur arrivée en Israël, à partir des années 40 et 50. En échange de leur travail, les visiteurs étrangers y sont aujourd'hui logés et nourris, en plus d'obtenir un maigre salaire.

27. Un merci particulier à Daniel et Roeven, mes deux anges gardiens de Beit Keshet. Je pense encore à vous, même après toutes ces années !

28. Nous nous pencherons sur la notion d'éveil spirituel à la 13e leçon.

29. Edelmann, Éric, *Jésus parlait araméen*, Gordes, France, Les Éditions du Relié, 2000.

30. Leloup, Jean-Yves, *L'évangile de Marie : Myriam de Magdala*, Paris, Albin Michel, 2000.

31. Koenig, Peter, *30 Lies about Money : Liberating your life, Liberating your money*, Lincoln, NE, iUniverse, 2003.

32. Un grand merci à Annie Laforest de m'avoir offert cette première chance. Je lui en serai toujours reconnaissante.

33. Je suis finalement tombée sur le leader spirituel algonquin Dominique Rankin, un être exceptionnel avec lequel je me suis immédiatement liée d'amitié. Ce lien n'a jamais cessé de s'approfondir. Mon cœur se gonfle de gratitude en pensant à toi, cher Kapiteotek. *Migwech, migwech!*

34. Redfield, James, « Le Prophète des Andes », Magazine *Vie et Lumière*, vol. 8, n° 2, avril 1999.

35. De nos jours, le Spa Eastman comprend également un spa urbain à Montréal et un autre, doublé d'un salon de coiffure, à l'Île des Sœurs, en banlieue de Montréal.

36. L'hémisphère droit du cerveau (Yin) étant notamment le siège de l'imagination, des émotions, des intuitions et du langage symbolique ; tandis que l'hémisphère gauche (Yang) est le siège de la pensée logique, rationnelle et du langage verbal.

37. Dilts, Robert, *Vinci et Holmes : Stratégies du génie*, Paris, La Méridienne/ Desclée de Brouwer, 1997. Voir aussi : *Aristote et Einstein* et *Mozart et Disney*, dans la même série.

38. Dilts, Robert, « La stratégie des génies », Magazine *Vivre*, vol. 5, n° 1, septembre 2005.

39. Jarow, Rick, *Trouver sa passion : 7 étapes pour se réaliser dans sa vie professionnelle*, Loretteville, Qc, Le Dauphin blanc, 2004. Il s'agit d'un ouvrage que j'ai eu le plaisir de traduire.

40. Merci à Gregg Braden de m'avoir fait découvrir sa question d'introspection préférée. Je l'utilise depuis l'an 2000, à chaque fois que je ressens le besoin de tâter mon terrain intérieur, et elle produit toujours d'excellents résultats.

41. Fontana, David, *Mandalas de méditation : 52 mandalas pour atteindre la paix de l'esprit*, Paris, Le Courrier du Livre, 2005.

42. Op. cit.

43. Vézina, Jean-François, *Les hasards nécessaires : La synchronicité dans les rencontres qui nous transforment*, Montréal, Éditions de l'Homme, 2001.

44. Braden, Gregg, *La divine matrice*, Outremont, Éditions Ariane, 2007.

45. Braden, Gregg, *L'effet Isaïe*, Outremont, Éditions Ariane, 2000.

46. Braden, Gregg, « La Science à notre rescousse », Magazine *Vivre*, vol. 2, n° 2, octobre 2002.

47. Gagnon, Michel, *Les dimensions secrètes de l'univers*, Site Internet de l'Association canadienne-française pour l'avancement des sciences : www.acfas.ca

48. Cette étude, résumée par le magazine électronique *Futura-Science*, a d'abord été publiée dans *Science Magazine* le 30 juin 2006. Elle a été effectuée par le Centre d'Études de politique économique de Princeton University, avec la collaboration de Daniel Kahneman, Prix Nobel d'Économie en 2002.

49. Ricard, Matthieu, *Plaidoyer pour le bonheur*, Paris, Nil éditions, 2003.

50. Leloup, Jean-Yves, *Prendre soin de l'être : Philon et les thérapeutes d'Alexandrie*, Paris, Albin Michel, 1999.

51. Cité par Marquier, Annie, dans *Le maître dans le cœur*, Knowlton, Qc, Éditions Valinor, 2007.

52. Cf. : Encyclopédie Wikipédia.

53. Castermane, Jacques, « Un Maître Homme », Magazine *Nouvelles Clés*, version Internet : http://www.nouvellescles.com/article.php3?id_article=136

54. Annie Marquier fait ici référence à un modèle similaire à celui du cerveau triunique de Paul D. MacLean (cerveaux reptilien, paléo et néomammaliens) décrit plus tôt dans ce livre, puis à une qualité de perception supérieure qu'elle appelle « le maître dans le cœur ».

55. Marquier, Annie, *Le maître dans le cœur*, Knowlton, Qc, Éditions Valinor, 2007.

56. Ciussi, David, « Vivez l'intuition d'être vous-même un miracle, plutôt que de l'espérer... », Magazine *Vivre*, vol. 6, n° 6, juillet 2007.

57. Bouchart d'Orval, Jean, *L'impensable réalité – Physique et sagesse traditionnelle*, Paris, Éditions Almora, 2006.

58. Desjardins, Arnaud, *Lettres à une jeune disciple*, Paris, La Table Ronde, 2006.

59. Singer, Christiane, *Derniers fragments d'un long voyage*, Paris, Albin Michel, 2007.

60. Hillesum, Etty, *Une vie bouleversée – Suivi de Lettres de Westerbork*, Paris, Éditions du Seuil, 1995.

# BIBLIOGRAPHIE

BOUCHART D'ORVAL, Jean. *L'impensable réalité – Physique et sagesse traditionnelle*, Paris, Éditions Almora, 2006.

BRADEN, Gregg. *The Divine Matrix : The pure space where all things begin*, Carlsbab, CA, Hay House, 2007. Édition en français : *La divine matrice*, Outremont, Éditions Ariane, 2007.

_____. *L'effet Isaïe*, Outremont, Éditions Ariane, 2000.

_____. « La science à notre rescousse », propos recueillis par Marie-Josée Tardif, Magazine *Vivre*, vol. 2, n° 2, octobre 2002.

Capite Corpus, *Présentation de la cohérence cardiaque*, Site Internet : http://www.capitecorpus.com/outils-et-methodes/coherence-cardiaque.html

CASTERMANE, Jacques. « Un Maître Homme », Magazine *Nouvelles Clés*, version Internet : http://www.nouvellescles.com/article.php3?id_article=136

CIUSSI, David. « Vivez l'intuition d'être vous-même un miracle, plutôt que de l'espérer... », Magazine *Vivre*, vol. 6, n° 6, juillet 2007.

CORNEAU, Guy. « Autonome et comblé », propos recueillis par Marie-Josée Tardif, Magazine *Vivre*, vol. 4, n° 4, mars 2005.

DESJARDINS, Arnaud. *Lettres à une jeune disciple*, Paris, La Table Ronde, 2006.

DILTS, Robert. « La stratégie des génies », propos recueillis par Marie-Josée Tardif, Magazine *Vivre*, vol. 5, n° 1, septembre 2005.

_____. *Vinci et Holmes : Stratégies du génie*, Paris, La Méridienne/Desclée de Brouwer, 1997.

EDELMANN, Éric. *Jésus parlait araméen*, Gordes, France, Les Éditions du Relié, 2000.

FLAUMENBAUM, Danièle. *Femme désirée, femme désirante*, Paris, Payot, 2006.

FONTANA, David. *Mandalas de méditation : 52 mandalas pour atteindre la paix de l'esprit*, Paris, Le Courrier du Livre, 2005.

GAGNON, Michel. *Les dimensions secrètes de l'univers*, Site Internet de l'Association canadienne-française pour l'avancement des sciences : www.acfas.ca

GENEL, Jean-Claude, avec la collaboration de Yannick LE CAM. *Le sens sacré des valeurs : le pouvoir d'être soi*. Auxerre, France, Éditions des 3 monts, 2005.

GRATTON, Nicole. *L'art de rêver*, Montréal, Flammarion Québec, 2003.

HILLESUM, Etty. *Une vie bouleversée – Suivi de Lettres de Westerbork*, Paris, Éditions du Seuil, 1995.

KOENIG, Peter. *30 Lies about Money : Liberating your life, Liberating your money*, Lincoln, NE, iUniverse, 2003.

JAROW, Rick. *Trouver sa passion : 7 étapes pour se réaliser dans sa vie professionnelle*, Loretteville, Qc, Le Dauphin blanc, 2004.

JUNG, Carl Gustav. *Synchronicity : An Acausal Connecting Principle*, extrait de *The Structure and Dynamics of the Psyche*, vol.8 de *The Collected Works of C.G.Jung*, New York, First Princeton/Bollingen Paperback Edition, 1973.

LABONTÉ, Marie-Lise. *Au cœur de notre corps : se libérer de nos cuirasses*, Montréal, Éditions de l'Homme, 2006.

_____. *Les familles d'âmes*, Loretteville, Qc, Le Dauphin blanc, 2002.

LANGUIRAND, Jacques. Chronique sur le cerveau triunique, *Guide Ressources*, vol.6, n°6, juillet 1991.

LELOUP, Jean-Yves. *L'évangile de Marie : Myriam de Magdala*, Paris, Albin Michel, 2000.

_____. *Prendre soin de l'être : Philon et les thérapeutes d'Alexandrie*, Paris, Albin Michel, 1999.

LÉVY, Bernard-Henry. *Réflexions sur la guerre, le mal et la fin de l'Histoire*, Biblio Essais, 2003.

MACLEAN, Paul D. *Les trois cerveaux de l'homme*, Paris, Robert Laffont, 1990.

MARQUIER, Annie. *Le maître dans le cœur*, Knowlton, Qc, Éditions Valinor, 2007.

MONBOURQUETTE, Jean. *Aimer, perdre, grandir : Assumer les difficultés et les deuils de la vie*, Paris, Bayard, 1995.

OSHO, Rajneesh. *Tarot zen*, illustré par Ma Deva Padma, La Ferté Alais, France, Éditions du Gange, 1994.

REDFIELD, James. *The Celestine Prophecy*, New York, Warner Books, 1993. Édition en français : *La prophétie des Andes*, Paris, Robert Laffont, 1994.

_____. «Le prophète des Andes», propos recueillis par Marie-Josée Tardif, Magazine *Vie et Lumière*, vol. 8, n° 2, avril 1999.

RICARD, Matthieu. *Plaidoyer pour le bonheur*, Paris, Nil éditions, 2003.

ROSENBERG, Marshall. *Les mots sont des fenêtres (ou des murs) : Introduction à la communication non-violente*, Saint-Julien-en-Genevois, Suisse, Jouvence, 1999.

SCHMITT, Éric Emmanuel. *Monsieur Ibrahim et les fleurs du Coran*, Paris, Albin Michel, 2003.

SERVAN-SCHREIBER, David. *Guérir le stress, l'anxiété et la dépression sans médicaments ni psychanalyse*, Paris, Robert Laffont, 2003.

SINGER, Christiane. *Derniers fragments d'un long voyage*, Paris, Albin Michel, 2007.

SUTTON, Elodie. «Le bonheur : y a-t-il une corrélation avec le salaire ?», dans *Futura-Science*, magazine sur Internet, juillet 2006. A d'abord été publiée dans *Science Magazine* le 30 juin 2006, http://www.futura-sciences.com/fr/sinformer/actualites/news/t/recherche/d/le-bonheur-y-a-t-il-une-correlation-avec-le-salaire_9376/

TOLLE, Eckhart. «Du sommeil à l'éveil», propos recueillis par Marie-Josée Tardif, Magazine *Vivre*, vol. 5, n° 3, janvier 2006.

_____. *Nouvelle Terre*, Outremont, Éditions Ariane, 2005.

_____. *Le pouvoir du moment présent*, Outremont, Éditions Ariane, 2000.

TRINH DINH HY. «La méditation bouddhique, une voie vers la libération de l'esprit», dans *BuddhaLine*, magazine sur Internet, décembre 1998, http://www.buddhaline.net/spip.php?article786

VANZANT, Iyanla. *In the Meantime : Finding Yourself and the Love that You Want*, New York, Simon & Schuster, 1998.

VÉZINA, Jean-François. *Les hasards nécessaires : La synchronicité dans les rencontres qui nous transforment*, Montréal, Éditions de l'Homme, 2001.

# TABLE DES MATIÈRES